崩壊するアメリカ★

トランプ大統領で世界は発狂する!?

ヘリテージ財団元上級研究員
横江公美

ビジネス社

2016年アメリカ大統領選予備選・党員集会結果

（2016年3月22日現在）

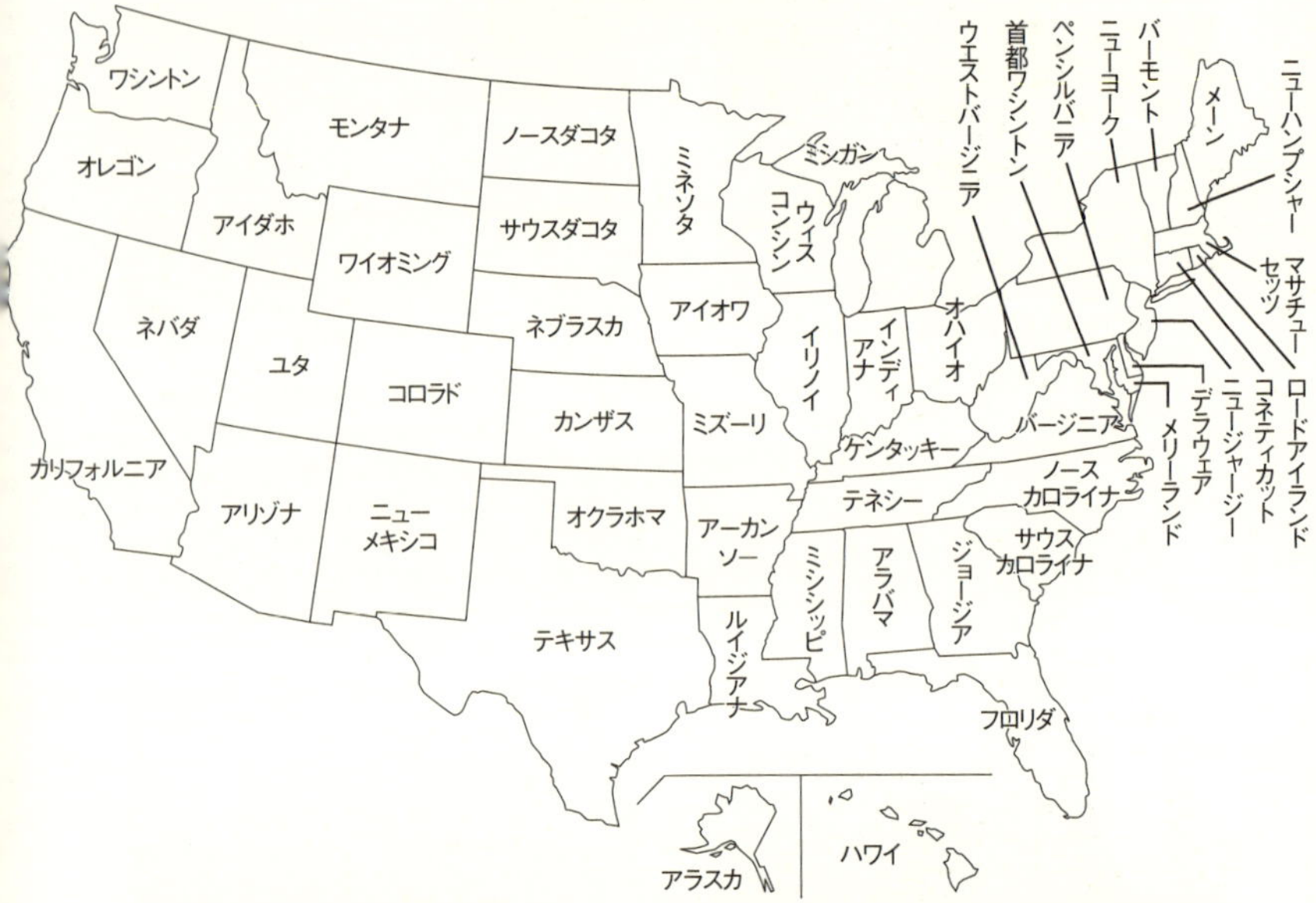

民主党 （代議員総数4765人・過半数2383人）

ヒラリー・クリントン　16州で勝利、代議員獲得数1656人

バーニー・サンダース　7州で勝利、代議員獲得数877人

共和党 （代議員総数2472人・過半数1237人）

ドナルド・トランプ　16州で勝利、代議員獲得数683人

テッド・クルーズ　9州で勝利、代議員獲得数421人

ジョン・ケーシック　1州で勝利、代議員獲得数145人

2016年アメリカ大統領選主力候補者

(2016年3月16日現在)

ドナルド・トランプ

実業家。1946年6月14日生まれ(69歳)。ニューヨーク州ニューヨーク・クイーンズ区出身。共和党非主流派に属する。不動産会社トランプ・オーガナイゼーションの会長兼社長で、トランプ・エンターテイメント・リゾーツの設立者。アメリカのビジネス界の有名人であり、メディアの寵児と目されている。フォーブス調べによると、2015年の純資産は40億ドル。TV番組「アプレンティス」「54 フィフティ★フォー」などに出演。

ヒラリー・クリントン

政治家・弁護士。1947年10月26日生まれ(68歳)。イリノイ州シカゴ出身。アメリカ合衆国国務長官、上院議員を歴任。第42代アメリカ合衆国大統領ビル・クリントンの妻であり、1993年から2001年までアメリカ合衆国のファーストレディだった。

テッド・クルーズ

上院議員。1970年12月22日生まれ(45歳)。カナダ・カルガリー出身。2013年よりテキサス州選出の共和党上院議員。米国籍の他にカナダ国籍も持っていたが2014年に破棄している。共和党強硬派で、キリスト教右派の支持が厚い。

バーニー・サンダース

上院議員。1941年9月8日(74歳)生まれ。ニューヨーク州ニューヨーク・ブルックリン区出身。ポーランド系ユダヤ移民の息子。バーモント州選出の無所属議員だが、民主党と院内会派を組む。自ら「民主社会主義者」を名乗るリベラル左派。

ジョン・ケーシック

政治家・現オハイオ州知事。1952年5月13日生まれ(63歳)。ペンシルバニア州マッキーズ・ロックス出身。共和党主流派。第69代オハイオ州知事。オハイオ州上院議員、合衆国下院議員、下院予算委員長などを歴任した。保守穏健派と目されている。

(※画像は各候補者の公式ホームページより)

目次――「崩壊するアメリカ」

第3章　アメリカはマイノリティの国になった

第4章　漂流するアメリカ——オバマ大統領が変えたアメリカのかたち

第5章　これからのアメリカを動かす「ミレニアル世代」とは

おわりに

付　録　トランプの暴言・名言からみえてくるもの

はじめに　アメリカはまるで違う国になった

2016年大統領選挙は荒れている。これほどまでに荒れようとは誰も想像しなかっただろう。荒れ模様をつくっているのが、ニューヨークの不動産王ドナルド・トランプであることは誰の目にも明らかだ。予備選挙序盤から快進撃を続け、共和党主流派はいよいよ危機感を強めている。一方、民主党もヒラリー・クリントンの圧勝のように思われていたのが、泡沫候補とみなされていた無所属の上院議員バーニー・サンダースの追撃を許している。

なぜ、これほどまでに、前例のない大統領選挙になっているのか？　戸惑いを持って見ている人は多いであろう。

だが、史上初の黒人の血を引くオバマ大統領を誕生させたアメリカには、地殻変動と呼ぶのにふさわしい大きな変化が起きているのである。その大きな変化に対応するため、今のアメリカは崩壊しそうなほど苦悩している。

私は2011年7月から、アメリカのもっとも影響力の強いシンクタンクの1つに数えられるヘリテージ財団の上級研究員として3年余り勤務した。そこでの毎日は、まさにアメリカ政治が根本的に変化したことを思い知らされる日々であった。

私は、幸運なことに、日本人として初めてどころか、イギリス人とカナダ人を除いて、外国人としては初めてアメリカ人上級研究員と同じ待遇の勤務を許された。毎週の定例会議に出席し、安全保障などすべてのEメールリストに登録され、アメリカ人研究者だけが知り得る情報に毎日アクセスしていた。アメリカ人が考える政治の本音の部分を毎日見聞きすることができたからこそ、その変化の大きさと深刻さを知り得たと言ってもいいのかもしれない。

日本に戻って困惑したことは、この3年間の経験をもとに、日本で「アメリカの今」を話すと、「目からうろこ」「にわかには信じられない」「刺激的」という言葉が返ってきたことである。私の話すことは共和党、民主党に関係なくアメリカ人との会話ではふつうのことだっただけに、最初は、なぜそういう反応なのかまったくわからなかった。気づいてみると、なんと、アメリカを見るときの前提がまったく違っていたのだった。

私が驚いたのは、とりわけ次の2つが日本の共通理解になっていたことである。

1つ目は、オバマ大統領は弱い大統領と理解されていること。

2つ目は、アメリカは弱い国になったと理解されていること。

まずオバマ大統領の業績を考えると、「弱い」という言葉はまったく当てはまらない。国民皆保険の導入、同性婚賛成、キューバとイランとの対話の再開、これらはアメリカの前提を根本的に変えてしまう政策である。

共和党が、アメリカの価値を根本から変えてしまったオバマ大統領の業績に恐怖すら感じていたのを私は目の当たりにしてきた。これだけ大きなことをやってのけたのだから、共和党からだけではなく味方の民主党からも批判を受けるようになったのは当然のことと言える。

今年の大統領選挙も、その前提で見ると理解しやすい。

もし、オバマ大統領がジョージ・W・ブッシュ大統領の2期目のように本当に人気がなかったら、同じ民主党のヒラリー・クリントンが大統領候補者として常に注目を集めることはなかった。しかし、彼女は問題を抱えながらも、終始一貫して両党を合わせた中でのトップランナーだ。これはすなわち、オバマ大統領に文句はあっても、大きな流れはそのままで良いと思っている人が多いことを示している。オバマ大統領は決して弱い大統領ではないのである。

2つ目の「アメリカは弱い国になった」という日本人の認識はやむを得ない誤解と言え

るかもしれない。アメリカ人の意識の変化、社会の変容を深く理解しなければ、表面的には少なくとも「弱い国」になったかのように見えてしまうだろう。

なぜなら、日本がイメージする強いアメリカとは、世界の警察の役割を果たすレーガン大統領のアメリカだからだ。

だが、冷戦終了と2001年の9・11同時多発テロは、アメリカの国際政治の立ち位置を根本的に変えてしまった。世界で警察の役割を果たす時代は終わり、国内の安全保障に力を入れる時代になったのである。この変化を見て日本では、アメリカは弱い国になったという認識が広まっているのだろう。

また、日本では、共和党が政権につけば以前の強いアメリカが戻ってくると思っている人も多いようである。だが、共和党内部をよく観察すると、共和党も環境の変化に合わせてすでに大きく変容している。日本で「共和党だったら」という言葉を聞くたびに、いまだにアメリカに幻想を抱いている人が多いと感じてしまう。

共和党が変わったことのわかりやすい事例は、自国民に化学兵器を使ったシリアへの空爆をオバマ大統領が問うたとき、共和党の率いる議会は否定した。共和党の議員でタカ派議員と言われるのは、今やジョン・マケインぐらいだ。新聞では「最後のタカ派議員」と枕詞《まくらことば》がつけられている。

今のアメリカでは、「アメリカは世界の警察ではない」ことは共和・民主両党の共通認識となっている。軍事大国アメリカの代名詞であるレーガン大統領のスターウォーズ構想と呼ばれたミサイル防衛を提案したヘリテージ財団ですら、「今や、アメリカは世界の警察ではない」という認識だ。私もこの言葉を、国際政治の内部会議でよく耳にした。だからといって、強いアメリカをあきらめたわけではない。「強い」という概念が変化している。

今のアメリカは世界で起きる紛争にたいし警察のように現場に向かうのではなく、それぞれの国またはＮＡＴＯなどの組織を後方支援することで「強いアメリカ」を目指す。加えて、経済を安全保障に利用する。オバマが進めるＴＰＰ（環太平洋経済連携協定）にしても、それが中国を念頭にアジアでの主導権を確立しようとする新しい安全保障の枠組みであることは明白である。また、ロシアがクリミア半島を併合した際、ヘリテージ財団の提言すら、「ＮＡＴＯの後方支援の強化と経済制裁」だった。政治学者のイアン・ブレマーは、安全保障に経済を利用することはさらに増えると予測し、それを「経済の武力化」と名付け、話題を呼んでいる。

レーガンの強いアメリカが「今は昔」であることは、今度の大統領選の共和党の候補者の顔ぶれを見ると一目瞭然である。マルコ・ルビオ上院議員とオハイオのジョン・ケーシック知事とリンゼイ・グラハム上院議員は国際問題の知見があるが、そのほかの候補者たちは国際政治に関心が薄い。ＩＳＩＳやイスラエル問題についての言及はあるが、アジア外交についての発言はほとんどない。明らかに国内志向になっている。トランプはしきりに日本と中国を貿易面で非難して喝采を浴びている。

さて、アメリカのこうした変化は、アメリカを漂流させ、日本にとっても世界にとっても望ましいものでないとしても、現実だ。アメリカは間違った方向に進んでいると、いくら文句を言っても、アメリカの方向は変わらない。もうレーガン大統領の時代ではないのである。好むと好まざるとにかかわらず、この事実を客観的にうけとめて対応するしかない状況なのだ。

次に、変化を引き起こしている主体にも注目しなければならない。それは、１９８０年から２０００年に生まれたミレニアル世代である。多様性とモバイルを使いこなすことが特徴とされるこの世代は、これからますますアメリカの中枢に入っていくので、政治に限らず社会全般の大きな潮流をつくるとされている。つまり、アメリカに起きている変化は世代変化が原因であるため、この傾向は弱くなるどころかさらに強くなる。この世代がオバマ大統領を誕生させただけあって民主党支持に傾く傾向がある。そのため、とりわけ共和党にはこの新しいアメリカの潮流を摑《つか》んだ変容が必要になっている。その過渡期の苦悩がトランプ人気と候補者の乱立に表れている。

一方、変化の象徴であるオバマ大統領が所属するとはいえ、民主党にも変化が必要になっている。今や、「リベラル」は過去の言葉であり、オバマ大統領になってからはさらに進んだ「プログレッシブ」という言葉が使われるようになった。その意味は、「多様化した社会への積極的な対応」である。多様化した社会とはさまざまなマイノリティが共生する社会のことであるので、それぞれの間の不平等を取り除くことが求められる。これこそが、今回の選挙の中心になっている経済格差の議論である。泡沫候補と思われていたバーニー・サンダースがヒラリーの目の上のたんこぶになっているのは、民主党員がリベラル以上に左のプログレッシブを求めていることの証左である。サンダースは従来の民主党よりもリベラルすぎたため、無所属で上院議員選を勝ち抜いてきた。二大政党制のアメリカでは珍しい経歴だが、今の時代だからこそ、一介のアウトサイダーが主流にのし上がったのだ。

このような変化を前提に、2016年大統領選挙を観察すると、今まで腑《ふ》に落ちなかったトランプ人気の理由が見えてくるだけでなく、今後アメリカが進むであろう方向が見えてくる。

本書の冒頭はあまり日本ではなじみのない展開なので、「違うんじゃないの」と違和感を覚えられるかもしれない。だが、読み進むうちに、きっと「なるほどね」となることと期待している。

本書は、トランプはなぜ人気があるのか、トランプ現象が今後のアメリカに与える影響は何か、トランプ現象を生んだマイノリティの台頭はどんな影響を与えていくのか、オバマ大統領はアメリカをどのように変えたのか、そしてその変化の主体であるミレニアル世代とは何かついて解き明かすことに挑戦している。本書が、2016年大統領選挙を読み解き今後のアメリカとの付き合い方を考える上でのヒントになれば幸いである。

それにしても、今度の大統領選はジェット・コースターのようなドキドキ感があり、目が離せない。

2016年3月

横江公美

第1章

アメリカ大統領選挙の行方

トランプvsヒラリー orバーニーズの
闘いが示した「のたうつアメリカ」
左右両極で復活した「孤立主義」

大統領選は、一番おもしろい「リアリティ・ショー」である

最近の大統領選挙は、アメリカ人にとっては、自分に関係のある「リアリティ・ショー」である。「リアリティ・ショー」とは、台本のないテレビドラマのことである。

2009年にMTVで始まったリアリティ・ショー「ジャージー・ショア」は、アメリカの新しい社会現象になった。男女6人のイタリア系アメリカ人が海岸のサマー・ハウスで共同生活を行い、その日々の生活を映し出す。そこには、男女間の恋愛と別れ、同性同士の結束とけんか、裏切り、恋人との悩み、両親との関係から、トイレ掃除のけんかなど日常のドラマが繰り広げられる。

これだけのことなのだが、これがとってもおもしろいのだ。私がミーハーなこともあるが、一度見たらはまってしまい、翌週どうなるか気になって仕方がない。さらに、リアリティ・ショーはSNSとも連動している。出演者たちは、日々、SNSに書き込み視聴者と直につながっている。視聴者たちはテレビを見ている最中からどんどんSNSや掲示板に書き込み、思いを共有している。

このリアリティ・ショーは全米で大人気を博した。寂しさに弱くすぐに寝てしまうスヌーキーは一番人気だっただけではなく、その海岸近くの公立大学の卒業式の基調講演者と

して招かれた。しかも前年度の基調講演者はノーベル賞受賞者であり、その人よりもスヌーキーへの謝礼が高かったことも話題になった。今では、「ハウスワイフ」、「医者の妻」、「肥満から抜け出す」など色々なシリーズがある。

2011年のイギリス王室の結婚式の際には、アメリカのマスコミは「世界最大のリアリティ・ショー」と書いていた。確かに、王室の生活はガラス張りであり、チャールズ皇子とダイアナの不仲、チャールズ皇子とカミラ夫人の不倫、ウィリアム王子の恋愛は世界中の人たちが知っている。ウィリアム王子がどのように成長してきたかも誰もが知っている。なるほどと思ったが、王室の結婚式を「リアリティ・ショー」と形容する時代に入ったのかと驚いた。

この視点で、今度の大統領選挙を見ると、まさしくリアリティ・ショーである。どの候補者が「大統領」に相応《ふさわ》しく成長していくかの物語である。同時に、どの候補者がどういう理由で消えていくのかというドラマでもある。興味深いことに、大統領選挙のリアリティ・ショー化を盛り上げているのは、テレビ討論会とやはりモバイルの進化である。予備選挙・党員集会でテレビ討論会が頻繁に行われるようになったのは2008年の大統領選挙だった。このときの大統領選挙はまさに、バラク・オバマが大統領に成長していくリアリティ・ショーだった。

大きいテレビ討論会の影響

テレビ討論会で大成功すると支持率を伸ばし、魅力を出せないと立候補者から消えていく。初期のころに消えた候補者たちは、最初のころに行われたテレビ討論会での失敗が大きい。その1人が、共和党の大統領候補としてもっとも呼び声が高かったジェブ・ブッシュである。ジェブはテレビ討論会で大統領としての資質を見せつけることができず、討論会のたびに失速していった。思い返してみると、ジェブの父親や兄が立候補したときには、予備選挙でテレビ討論会が行われることはなかった。もしかしたら、今のように予備選挙でテレビ討論会が頻繁に行われていたら、とりわけ兄は党の指名を獲得することができなかったかもしれない。

3月中旬まで残ったクルーズ、ルビオとケーシックは初期のころから期待以上の成果を上げ、支持率を伸ばしていった。

予備選挙が始まってからは、毎週のようにテレビ討論会が行われている。最初に党大会が行われるアイオワ州、予備選挙形式で最初に行われるニューハンプシャー州、南部の州の行方が見えるサウス・カロライナ州、10州以上の予備選挙が同時に行われるスーパー・チューズデーといった重要な予備選挙の前にはテレビ討論会が必ず行われる。そしてその出来が次の予備選の結果に影響を与えることが多い。

3月中旬現在、12回のテレビ討論会が行われたところで、どの候補者がどれだけ話したかという数字がワシントンポスト（3月11日付）に掲載された。それを見ると、話した長さと支持率は連動していた。トランプが196・2分で一番長く、クルーズは178・6分、ルビオは160・2分、ケーシックは140分となっている。

これは、本当だ。一度、テレビ討論会を見ると次の選挙の結果がやけに気になる。あのトランプの発言は失言だと思ったけれど、結果に影響を与えるのだろうか？ 今回、ルビオはうまくやったけれどクルーズを抜けるのだろうか、と気になってしまうのだ。私が見ていても、討論会の様子はかなり予備選挙の結果につながっていた。そうなると、また次のテレビ討論会も見ることになり、ずっとテレビにくぎ付けになってしまうのである。そして討論会と結果を見ながら、他の人の反応も気になりSNSの書き込みを読んでしまうのである。それを見ると、テレビ視聴しているアメリカ人は、一喜一憂しながら書き込んでいることがよくわかる。

4州同時に予備選挙が行われた直前のテレビ討論会（3月3日）では、トランプはルビオを貶《おとし》めることを目的に「手が小さい人は、他の場所も小さい」と下ネタ発言をした。マスコミは大統領選のテレビ討論会で「下ネタ」が飛び出すとはあり得ない、と書きまくった。その後の予備選挙では、トランプは勝つには勝ったが予想されていたほどの大勝はしなかった。そのときの討論会ではクルーズが勝者と言われ、そのとおり、4勝中2勝を収め、ルビオを共和党の本命候補の位置から振り落とした。

ちなみに、ルビオが明らかに失速したのは、2月6日のテレビ討論会でうまく切り返せず同じ言葉を何度も使ってしまったときの予備選挙からだった。

テレビ討論会で、失言しようと欠席という暴挙に出ようと、一番おもしろいのはトランプである。どんな失言、妄言、名言が飛び出すのか興味津々で見てしまう。それだけではない。他の人が話しているときのトランプの顔の表情も多彩である。反対意見や、批判されている場合、むっとした表情で聞いている候補者が多い中、1人だけ、両手を広げたり、肩をすくめてみたり、首をかしげたり、目をまん丸く広げたり、片目をつぶったり、にっこり嬉しそう、と忙しいのだ。

それもそのはず、トランプ自身がかつてリアリティ・ショーに出演したことがある。「アプレンティス（見習い）」という番組だ。「君は首だ（ユー・アー・ファイアード！）」という流行語をつくったほどの人気番組だった。トランプの会社で働きたい見習いに課題を出す。一番、不出来だった人を1人ずつ落としていくという番組だった。

また、トランプはビジネスの世界に入ってからは、ほぼリアリティ・ショーのような状

アメリカ大統領選の仕組みと特徴

アメリカ大統領選の仕組みや特徴について簡単に説明しよう。

大統領選は2つのステップを踏む。民主・共和両党の大統領指名候補者を決める予備選（または党員集会）と、その後の統一指名候補者の一騎打ちとなる本選挙である。今は、「指名レース」と呼ばれる予備選（党員集会）の段階にある。本選挙が始まるのは、党の全国大会が開かれた後の夏以降になる。

予備選（党員集会）で党員や支持者が選ぶのは大統領候補ではない。7月に行われる両党の全国大会に自分の代わりに参加する「代議員」を選ぶのだ。代議員は前もって、自分が投票する候補者を明らかにし、党員や支持者は自分の意中の候補者を推す代議員を選ぶ仕組みだ。

ちなみに全米の代議員数は、共和党2472人、民主党は4765人。これの過半数を獲得した候補者が全国大会で統一指名候補に選ばれ、その後の本選に臨む。だから、いくつの州で勝利したかはもちろん大切だが、代議員をどれだけ獲得したかがより重要だ。

本選の8カ月も前に行われるスーパー・チューズデーが特に注目されるのは、過去の大統領選で勝敗の帰趨を決めた重要な節目となっているからだ。ここで勝利した候補者がそのまま本選で大統領に選ばれる例が多い。スーパー・チューズデーを制する者はその後の戦いに弾みがつき、結果大統領選を制するというわけだ。

スーパー・チューズデーの後も、3月中旬と4月末の火曜日に「ミニ・チューズデー」と言われる予備選が続き、その後6月に最後の予備選が行われ、7月の党全国大会で統一指名候補が決定する。

態でマスコミに露出してきた。リアリティ・ショーと化した大統領選挙を、トランプが得意とするのは当然のことかもしれない。

トランプが闊歩《かっぽ》する予備選挙

従来の選挙であると、序盤戦のスーパー・チューズデーが最大のヤマ場となり、ある程度、候補者が絞られてきた。今年は3月1日がスーパー・チューズデーであり、その日は両党ともに10州以上で予備選挙・党員集会が行われた。だが、今年の大統領選挙はスーパー・チューズデーが終わっても共和党は混乱したままで、民主党もいまだ不確定だ。とりわけ共和党は、7月の下旬に行われ、党の大統領候補を正式に決定する全国党員集会まで、指名候補は決まらないのではないかという見方もあるほどだ。

とりわけ、共和党は混乱している。

共和党の混乱の最大の理由は、疑う余地もなくトランプ旋風である。3月中旬現在、2位のテッド・クルーズ、3位のマルコ・ルビオ、4位のジョン・ケーシックを引き離して首位に立っている。

トランプが立候補宣言した際には、誰もが泡沫候補と見ていた。それが、政治的に正しくないとされる失言を繰り返すたびに支持率を上げてきた。しかも、その発言は本来の政治では致命的な失言だ。「メキシコは強姦魔をアメリカに輸出している」「アメリカはイスラム教徒の入国を認めるべきではない」などと言うたびに、支持率を伸ばすのだから、共和党の主流派たちは青ざめた。トランプが共和党の大統領指名を得たら、共和党の品性が世界的に問われることになりかねない。

しかもトランプは2012年大統領選挙の際には、出馬をほのめかし、オバマ大統領は本当はハワイ生まれではなくケニア生まれで、大統領の資格を満たしていないというキャンペーンを張った。結局、オバマ大統領はハワイ州の出生証明書を公開して収まったが、その際も、人格的にいかがなものかと、共和党から迷惑がられていた。

ドナルド・トランプ　首位を走る共和党候補

また、トランプは一貫した共和党支持者でもない。民主党と共和党を行き来しているだけではなく、2000年大統領選挙ではリフォーム党から立候補までしている。

共和党主流派にとっては、トランプは仲間でもなく目の上のたんこぶだ。それにもかかわらずトランプは、2月1日アイオワ州の党員大会から始まった予備選挙で、日を増すごとに優勢になっている。

トランプが大統領になることを怖れているのは、共和党主流派だけではない。大手マスコミもトランプの言動と行動を警戒している。

2012年大統領選挙の共和党候補者だったミット・ロムニーは、トランプは納税申告書を公開すべきであると攻撃し、マスコミはトランプとヒトラーの類似性を指摘した記事を掲載しているほどだ。白人至上主義ではないかとの攻撃もあちこちから受けている。そしてついには、熱狂的な支持者と反対者が遊説会場でぶつかり、遊説イベントがキャンセルされる事態まで発生している。

だが、トランプは、いくら政治家やマスコミから攻撃されようと、遊説会場で暴動が起きようと、そして失言もものともせずに、快進撃を続けている。

なぜ、トランプに人気が集まるのか

共和党は今、オバマ大統領を生んだアメリカの地殻変動に対応しきれず、彷徨《ほうこう》している。黒人の血を引くオバマ大統領の誕生は、共和党が掲げてきた古き良き時代のアメリカが終《しゅう》焉《えん》を迎え、多様性が享受されるアメリカに変化していくことのシンボルであった。

アメリカというと、「人種のるつぼ」という言葉が浮かぶ。だが、それはニューヨークやサンフランシスコといった限られた大都市のことで、アメリカ全体で見ると、圧倒的に白人が多数派の国であった。同じキリスト教徒でもプロテスタントが多数派であり、カソリックは少数派に分類されるほど、白人プロテスタントの国であった。黒人はせいぜい10%を超える程度であり、ヒスパニックやアジア系の流入も最近の話である。オバマ大統領が誕生するまで、ただ1人の例外、カソリックのジョン・F・ケネディ大統領を除いて全員がプロテスタントの白人だった。

そこにオバマ大統領が誕生した。そして今度の大統領選挙の顔ぶれを見ると、多様化するアメリカならではである。白人プロテスタント以外のケネディ大統領とオバマ大統領を生んだ民主党がマイノリティ候補を擁立することはそれほど不思議ではない。しかし今回は共和党がマイノリティ候補を多数擁しているのだ。

2000年前半までは、アメリカ人口の白人率は4分の3を超えていたが、今では55%ほどである。すでに子供の人口統計では、マイノリティの合計のほうが白人よりも多くなっており、白人が多数派の場所を明け渡すカウントダウンが始まっている。その人口動態の変化に呼応するように、アメリカ開拓の精神を貴ぶ保守派を中心とする共和党にもその変化は及び、乱立した候補者のほとんどが何かしらマイノリティの要素を持っていた。3月中旬現在、残る4人の候補者のうち、従来のマジョリティである白人プロテスタントはトランプしかいない。しかも、トランプは古き良き時代のシンボルでもあるアメリカン・ドリームの達成者である。

オバマ大統領の多様化に優しい取り組みと人口動態の変化は、共和党のあちこちに不満を蓄積させていた。予備選挙はこれから党がどこに向かうかを決める選挙でもある。しかし、共和党はアメリカに起きている変化にどのように対応したらいいのかを見つけていない。トランプが登場するのも、候補者がなかなか決まらないのも、共和党を一致させる方向が定まらないからだ。共和党の目指す行方が合意に至っていたならば、候補者は乱立していない。

そうした混迷の中で、多様化した社会にたいしてストレスをため、「昔は良かった」と考える共和党支持の白人がトランプ支持に傾いたのである。

トランプは最初からそこを狙ったかのように「古き良きアメリカをもう一度：Make America Great Again」というロゴを使っている。このロゴが付いた野球帽をかぶり遊説を繰り広げた。実は、この野球帽もこうした人々の心を摑む。アメリカ人の定義のひとつは「野球好き」であると言ってもよい。私の知る限り、白人のアメリカ人は、必ず、どこかで野球帽をかぶっている。それも、帽子が必要ではないときまでもだ。車の運転時は当たり前で、空港での待ち合わせでも、ビジネス出張の際のプライベートなディナーの場でもかぶり、果ては、野球帽をかぶってオフィスのＰＣに向かっている人もいる。野球帽はアメリカ人にとって最強のアイデンティティ商品と思えるほどだ。

「古き良きアメリカ」への憧憬を込めたロゴは共和党系では非常によく目にするし、そういう言葉もよく聞く。だが、「古き良きアメリカ」とはいつのことだったのか、と考えると、今のアメリカのほうが良いのではないかと私などは思う。実際に、「昔のアメリカよりも今のアメリカのほうが進んでいる」という論評が新聞に掲載されている。１９６０年代まででは黒人差別が合法だったし、女性差別も根強く残っていた。１９８０年代でもニューヨークの夜は出歩けないほど危険だった。それが今は、差別は残りつつも黒人の大統領が誕生し、女性のＣＥＯが少ないながらも誕生している。女性の大統領だってあり得る時代だ。また、白人警察による黒人へのいわれなき対応も明るみに出るようになった。ニューヨークもワシントンＤＣの夜も繁華街であれば女性１人で歩いてもそれほど問題はない。

経済面でもそうだ。ソ連が崩壊し、とりわけネット革命が起きてからは、先端技術の中心はアメリカしかありえない。しかも、イノベーション技術のおかげで中東に頼らなくてもいいどころか輸出できるほど、アメリカの大地からガスと油を採掘できるまでになった。

そのため「古き良き時代」があったとは思わない人にとっては、「古き良き時代」への郷愁は差別を当然とした時代への郷愁と受け取られる。そういう背景があるため、トランプに対して「白人至上主義」ではないかという疑念を持つのである。

今は昔に比べると生きにくくなったと思う人たちは、「古き良き時代よもう一度」とばかりにトランプに熱狂する。トランプ現象は、白人社会から多様化した社会への移行期間だからこそ起きる避けられない現象とも言えるだろう。

ただ、最近は心配な現象がトランプの遊説に表れている。トランプ反対のグループがトランプの遊説イベントに大挙して押しかけ、熱狂的なトランプ支持者との間でトラブルが発生し警察が出動する事態が起きている。こんなことは最近の選挙では稀《まれ》である。

最近では、トランプ現象を生んだのは誰のせいか、との責任論まで出てきている。ルビオはオバマ大統領のせいにし、オバマ大統領は共和党が生んだと反論している。まるで内戦状態だと表現する人もいる。

とにもかくにも、トランプの周りには巨大なエネルギーが集まっている。

トランプはプレスリーに似ていた

実は、私はトランプと会ったことがある。そのときは、有名なビジネスマンに会えたことがとても嬉しかった。トランプは背筋が伸びて颯爽《さっそう》としていた。素直に素敵な人だと思ったことを覚えている。

私たちのグループがテーブルについたとき、その1人のファースト・ネームを呼びながら、トランプが私たちのテーブルにやってきた。

「元気かい？　久しぶりだね」と言い合って握手している。その後トランプは私のほうを向いて「ドナルド・トランプです」と握手した。

テレビで映っているように、体は大きく包み込むような優しさがあった。握手した手は、温かく分厚くそして大きかった。プレスリーのファンには叱られるかもしれないがエルビス・プレスリーとテディベアに似ている、と思った。このとき、写真を撮ればよかったと、今後悔している。

トランプが選挙を始めたとき、彼の遊説に集まってくる人は、大統領候補者に会うためにに来るのではなく、有名人のトランプに会いに来ていた。テレビが遊説の参加者にマイクを向けると「トランプは一度見たいでしょ。応援しているわけではない」と答える人ばかりだった。私の経験から推測すると、一度、トランプに会ったアメリカ人は、思ったより素敵な人と感じ、そのうちの何人かは支持し始めるのではないかと思う。

そしてどこかプレスリーに似ていることもあり、「あの時代は良かった」という郷愁を呼び、トランプのキャッチフレーズである「また偉大なるアメリカに」と叫ぶようになるのではないかと思ってしまうのだ。とにかく、トランプには独特の華があった。

共和党が候補者を一本化できない理由

トランプが共和党の大統領候補としての指名を受けることを阻むために、なぜ3人の候補者たちを一本化しないのかと疑問に思うだろう。

ところがそれは、アメリカでは、それほど簡単なことではない。なぜなら予備選挙は党の方向を決める選挙であるため、この後4年間の党内での彼らの居場所を決める戦いでもあるからだ。そのため予備選挙は本選挙以上に重要との見方もあるほどだ。候補者たちは、勝ち抜ける可能性が少しでもあり、そして選挙資金が続く限り、選挙から降りることはない。

これが、3月半ばに入っても一本化されることなく、トランプ、クルーズ、ルビオ、ケーシックの4人が選挙戦を戦っていた背景である。候補者、そして共和党員にとって予備選挙が党内影響力をめぐる争いであることは、この選挙戦でのクルーズとルビオを見てもはっきりとわかる。1つは政策の違いであり、2つ目は共和党内の新旧の戦いである。

クルーズとルビオは、政策的に見るとまったく異なっている。

クルーズは、オバマケアに反対して誕生した強固な経済的保守と言われるティ・パーティの人々からの支持が高い。「ボストン茶会事件」を名前の由来にしているように、彼らは建国の精神とつながりが深いため、キリスト教的価値が政策に影響を及ぼすことを重んじている。クルーズはレーガン大統領を基盤とする保守派の経済政策と社会政策を強固に踏襲しているが、強いアメリカを示す場である外交にはそれほど興味がない。

一方、ルビオは経済、社会、国際政治全般に精通し、レーガン大統領を基盤にしつつも現代に合わせて現実路線に立っているので穏健派と呼ばれている。経済も社会政策もクルーズに比べると中道寄りである。しかも、ルビオは上院議員の外交委員会に長く所属し、外交通として知られている。共和党はレーガン大統領をシンボルとして掲げてきたが、現在の議員たちは、それほど国際政治に関心を持っていないのである。そのため、レーガン大統領の軍事政策に比べるとルビオは圧倒的に穏健派であっても、他の議員たちと比較してタカ派、ネオコンという修飾語がつくことがある。

このように、クルーズを支持するティ・パーティとキリスト教関係者にとっては、穏健派と呼ばれるマルコ・ルビオを支持することは、自分の主張を曲げることになる。同時にルビオを支持する

テッド・クルーズ　共和党上院議員

穏健派にとっては、クルーズの主張はまったく異なるだけでなく、時代遅れのように見えている。

また、2人の間にはレーガン大統領をシンボルと掲げる人たちの新旧の闘争も存在する。

私はレーガン大統領の政策を基礎とする保守本流の理論をつくるヘリテージ財団に在籍していたとき、共和党議会の勢力が変化していることを目の当たりにした。オバマ政権の1期目の議会では、両党の大統領候補になり本選挙で敗れた共和党のジョン・マケイン上院議員と民主党のジョン・ケリー上院議員が、絶対にマスコミに出ないところで両党の合意に向けて動いていた。しかも2人は長年、外交委員会でともに働いた盟友でもある。

だが、オバマ政権2期目になると共和党議会

ジョン・ケーシック　共和党上院議員

マルコ・ルビオ　共和党上院議員。スーパー・チューズデーの敗戦で撤退。

の勢力がガラリと変わったようだった。まずは、国際政治に興味のある議員が少なくなり、経済と社会政策での原理主義化が進んだ。まさに、クルーズ的な議員が増えたのである。折しも、同時期に、かつてレーガン大統領の懐刀、エド・フルナーへリテージ財団所長が引退し、ティ・パーティのお気に入りと言われた保守派議員、上院議員のジム・デミントが所長になった。このあたりから、ヘリテージ財団が招聘《しょうへい》する議員のトップ・リストにクルーズが入るようになった。細かい理由は、これ以上書くことができないが、私から見ると、現在のワシントンの議会における新しい保守本流はルビオではなくクルーズなのである。

一方、ルビオはレーガン時代の大御所の共和党本流からの人気が高い。共和党の大御所の本流たちは、レーガンの政策を踏襲しつつも、現実社会の変化への対応も考えている。彼らにとっては、本選挙で共和党が勝つことがもっとも重要である。経済、社会、国際に関する政策をすべて包括した穏健派のルビオは、彼らにとっては、まさにレーガンの現代版である。今の共和党の大御所たちは、レーガン・チルドレンにあたり、冷戦を勝利で終わらせたレーガン大統領は彼らの英雄であり、強いアメリカを重要視する。そうした背景もあり、国際問題に関心が高いルビオは、共和党大御所たちからの期待を集めていた。

このように、クルーズとルビオの間には、政策に立脚した共和党の新旧の主流派争いが存在している。こうした背景があるため、まったく望みがなくなるまでは、トランプ対策として候補者を一本化することは難しいのである。ちなみにケーシックは、ルビオと同じグループだが、社会政策についてはさらに穏健派である。

トランプが共和党でトップを走る理由

トランプ、クルーズ、ケーシック、ルビオを、次の3つの支持基盤で分類すると、トランプが抜け出したことが一目瞭然となる。

1つ目は共和党との関係である。前述したようにクルーズとケーシック（ルビオ）は主流派争いを繰り広げているが、それは共和党の中での戦いである。いずれも上院議員と知事であり、大きく見れば共和党の主流派であることに変わりはない。一方、トランプにたいしては、新旧そして政策に関係なく共和党の主流派は反対する。トランプは政治経験がないどころか、共和党に所属したのも日が浅いビジネスマンである。

次はマイノリティ対白人という対立軸である。

アメリカでは、人口動態が劇的に変化している。90年代までは白人率が4分の3以上であったが、現在では50％を超える程度である。クルーズもルビオも白人であるが、ヒスパニックの血を引くマイノリティである。ケーシックはカソリックだ。

表1　共和党主要3候補の対立軸（支持基盤）

対ウォール街		政治的立ち位置		人種	
対立	親和	非主流派	主流派	白人	マイノリティ
トランプ	クルーズ ルビオ ケーシック	トランプ	クルーズ ルビオ ケーシック	トランプ	クルーズ ルビオ ケーシック

一方、トランプは白人というだけではなく、建国以来アメリカのエスタブリッシュメントの地位にあったＷＡＳＰ、つまりプロテスタンティズムを信仰する白人である。

今回の大統領選挙ではマイノリティの立場というのが１つの鍵になっている。人口動態の急激な変化を受けて、居場所を失いつつある白人の不満がトランプ支持につながっているという構図ができている。この現象は、線香花火が燃え尽きる前に、今までとは違う明るい光を一瞬放つのに似ている。立場が弱くなるということがわかっているだけに、強力な光を放つトランプの発言に好意が集まるのだろう。

３つ目は、ウォール・ストリートとの関係である。クルーズもルビオも選挙資金集めに奔走し、ウォール・ストリートから献金を受けている。クルーズに至っては、妻がゴールドマン・サックスの中枢で働いている。一方、トランプは、ウォール・ストリートへの増税を公約にかかげ、しかも自分の資金で選挙戦を戦っている。

この3つの対立軸を見るとトランプだけが唯我独尊である。クルーズとルビオ、ケーシックは、信条や政策は異なるが、この3つの枠で見ると同じグループに所属する。

ワシントン政治に不満を持つ人が多いこと、共和党支持者には白人が多いこと、そしてウォール・ストリートへの富の集中と資金のかかる選挙に不満を持つ人が多いことを考えると、共和党ではトランプに人気が集まりやすいことが見えてくる。

混乱する共和党

共和党の混乱は、トランプ旋風だけではなく、候補者の乱立にも表れている。共和党が運営するサイトによると今回は、なんと25人もが立候補したという。これほどまでに候補者が乱立した前例はない。繰り返すが、大統領候補を指名する予備選挙は党の方向性を決める選挙でもあるので、候補者が乱立したことは、それだけ共和党の行く先が見えないという意味になる。

この25人の中でそれなりの選挙戦を戦った主立った人たちとその考えを紹介しよう。共和党がどの方向に行けばよいのか、彷徨《さまよ》っていることがわかるだろう。

不動産王のドナルド・トランプ、テキサス州出身の上院議員テッド・クルーズ、フロリダ州出身の上院議員マルコ・ルビオ、オハイオ州の知事ジョン・ケーシック、唯一の黒人で神経外科医のベン・カーソン、フロリダ州元知事でブッシュ家の二男のジェブ・ブッシュ、ケンタッキー出身の上院議員で医師であるランド・ポール、ニュージャージー州の知事で人気が高かったクリス・クリスティ、ワシントン州知事のスコット・ウォーカー、タカ派で知られる上院議員のリンゼイ・グラハム、唯一テレビ討論会に出席できた女性候補のカーリー・フィオリーナはヒューレット・パッカードの元CEOだ。さらに、牧師出身でアーカンソー州の知事を務め、テレビの人気ホストショーを持つマイク・ハッカビー、2012年大統領候補に名乗りをあげたペンシルバニア出身の元上院議員リック・サントラムらである。

名乗りを上げた彼らを、外交・安保、経済、社会政策の3つの分野でそれぞれ対立軸ごとに分類すると表2（39ページ）のようになる。それほど関心を見せていない政策には候補者の名前を書かなかった。

まず目に付くのは、社会政策がもっとも候補者の数が多く関心が高いことだ。次が経済政策で、最後が国際政治である。

興味深いのは孤立主義に3人も入っていることだ。これまでのアメリカ政治の常識では、アメリカは孤立主義に向かわないということが大前提であった。ただ、孤立主義といっても、9・11同時多発テロ以降アメリカでは国土安全保障が最大の関心事になっており、ここでの孤立主義には国土安全保障に力を入れることは入っている。また、名前が入っていない候補者はどちらかといえば、孤立主義に近いだろう。世界の平和がアメリカの平和につながると考える余裕もないほどに国土の安全保障が心配というのは今までにない視点である。トランプがISISをやっつけるという発言をしているのは、明らかにアメリカの安全保障のためである。トランプはまた、経済の視点から貿易や日米同盟の価値を測り、日本、中国、メキシコにたいして厳しい発言をしている。

黒人として初めて立候補したカーソンが選挙の序盤戦だけでも1位だったのは、白人比率が高い共和党にあっては驚くべきことである。ただし、テレビ討論会が始まり政策論争が始まるや、泡沫候補になってしまったことも興味深い。共和党にマイノリティの支持者を集めていかなければならないという深層心理があることがうかがえる。

また、ポールは早々に撤退となったが、「リバタリアン」は若者の中に根強い人気がある。政府は小さければ小さいほどよく、社会政策についても政府が規制する必要はなく個人の自由を大事にする。国際政治においては金のかかる軍事拡大はするべきでないし、国際社会においてもそれほどの役割を果たすべきではないとリバタリアンは考えている。

表2　主要立候補者の政策志向

外交・安保		経済政策		社会政策	
孤立主義	軍事力	穏健	保守	穏健	保守
トランプ ポール クルーズ	ルビオ ケーシック グラハム ジェブ	トランプ ルビオ ケーシック フィオリーナ ジェブ クリスティ	クルーズ ウォーカー ポール	トランプ ルビオ ケーシック フィオリーナ ジェブ クリスティ ポール	クルーズ ハッカビー サントラム

今回の選挙戦では、とりわけ1つの分野の政策に力をいれる候補者たちは消えるのが早かった。ティ・パーティのお気に入りの経済保守のウォーカーとキリスト教的価値を政策に反映させようと主張する社会保守のハッカビーとサントラムは予備選初期に消えていった。

クルーズはティ・パーティとキリスト教団体と関係が深く、経済保守と社会保守の両方の急先鋒である。

クルーズの対極に位置するフィオリーナやクリスティは、社会政策も経済政策も穏健派であるが、頭角を現すこともなく消えていった。

ルビオとジェブは、政策的立ち位置が似ている。社会・経済・国際関係の3つの分野に精通し、ルビオとジェブは保守という立場を大事にしつつも、経済、社会においては穏健派であり、国際政治においてアメリカの軍事的役割が必要だと認めている。ケーシックもここに入るが、社会政策においては2人以上に穏健な立場をとっている。

トランプは、経済、社会においては穏健派であり、国際政治については孤立主義的な発言が多いが、安全保障の視点よりも経済の視点を重要視することが特徴である。

政策分類でも先行するトランプ

スーパー・チューズデーを終えてまだ生き残っていた4人の候補者たちの政策的志向を取り出すと次表（表3）のようになる（それほど関心を見せていないところには名前を書いていない）。

まず、もっとも意見が多かったのは社会政策である。オバマ政権になって以来、共和党の立場が弱くなった分野である。キリスト教的価値を強く重要視する保守の急先鋒はクルーズだけが生き残り、時代に合わせようとする穏健派の代表はケーシックである。その中間にトランプとルビオが位置する。

続いて、最近の共和党の真骨頂とも言える経済政策。ここでもクルーズが経済保守の立場で、トランプとルビオそしてケーシックは穏健派に属する。

最後に、もっとも関心が低かったのは、外交・安保だ。アメリカは役割を担うべきと考

表3　共和党4候補の政策比較

外交・安保		経済政策		社会政策	
孤立主義	軍事力	穏健	小さな政府	穏健	キリスト教右派
トランプ クルーズ	ケーシック （ルビオ）	トランプ ケーシック （ルビオ）	クルーズ	トランプ ケーシック （ルビオ）	クルーズ

える急先鋒はケーシックで、ルビオが続く。クルーズは、外交政策よりも国内安全保障を重要視し、トランプは貿易がアメリカの雇用に悪影響を及ぼしていると民主党的な主張を繰り返している。

　候補者の立ち位置の違いから分析しても、1位と2位を走るトランプとクルーズは独特である。トランプ人気が続くとなると、共和党にトランプ的な考えが残る可能性がある。つまり、経済、社会は穏健な路線、そして国際政治については安保よりも経済の視点を重要視する。予備選挙開始から2位に位置するクルーズは、4人の中で唯一、経済と社会保守である。超保守派グループは共和党の中ではマイノリティだが、クルーズを使って必死に居場所を確保しようとしている。

　ルビオとケーシックは温度差こそあれ、すべての項目で同じグループにいる。従来、共和党の勝てる候補者と思われているところに所属する。だが今度は、2

人合わせても勝ち抜けない状況だ。そうだとすると、国際政治でアメリカが軍事力でそれなりの役割を果たす政策は、今の共和党では望まれていないことになる。トランプも経済、社会ではルビオとケーシックと同じグループなので、本来なら彼らの支持者である人々がトランプに流れているとしたら、もはや共和党ですら、国際政治の安全保障の面でアメリカが責任を果たすことを望んでいないということになる。

トランプまたはクルーズが予備選挙で勝つと、まさに共和党からレーガン的な外交政策は消滅することになる。

世代論から見たトランプ現象が生まれる可能性

アメリカで2008年という年は、いずれの世代論から見てもターニング・ポイントの年にあたり、現在はその大きな変化を受容する過渡期である。そのために、2008年以前の価値観と激しくぶつかり合う。

世代論では40年ごとに、支配する政党が代わるとされる。同じ政党が2回続くことがないわけではないが、その場合、当該政党は時代の変化に合わせて再定義に成功することが条件になる。

40年というと大統領選挙が10回あり、どちらかの政党が6勝から7勝してきた。

2008年以前の40年では共和党が7勝3敗で、共和党的価値が政治を支配した。この間、もっとも尊敬されたのはレーガン大統領である。

レーガンの前のカーター大統領は、韓国から米軍を撤退させようとしたこともあり、冷戦時代にしてはリベラルすぎると身内の民主党からも非難された。大統領退任後は、4年に一度の政治の祭典である民主党全国大会に一度も招待されていない。カーター大統領の姿は選挙で不利になるとみなされていたからだ。それほどカーターは人気がない。

一方、クリントン大統領は非常に人気のある大統領で2期務めた。インターネット革命が起き、景気はうなぎ上りで財政健全化まで成し遂げている。しかし、クリントン大統領の政策は「トライアンギュレーション」と呼ばれ、かなり共和党寄りの政策を行ったことで知られている。

おもしろいことに、ファースト・レディのヒラリーが国民皆保険制度の導入に躍起になっていた第1次政権では支持率が伸び悩み、国民皆保険制度の導入をあきらめたときからクリントン大統領の支持率は上がった。その上、クリントン大統領は1996年の一般教書演説で「大きな政府の時代は終わった」と述べ、リベラルの代名詞である「大きな政府」の終焉を宣言した。そして1998年に財政が黒字に転じた。財政健全化は当時の共和党の象徴とも言える政策だ。その提唱者は当時下院議長を務めた共和党のニュート・ギングリッチ。ギングリッチは、1994年の中間選挙で健全財政を柱とする「アメリカとの契約」を訴え、中間選挙で共和党を圧勝に導いた。

この40年間に誕生した民主党の2人の大統領を取り巻いた環境を見れば、この時代が共和党の考えに支配された時代だったことがわかる。

オバマは第1次政権で、共和党に邪魔されながらも7870億ドルの経済復興政策を実行し、「オバマケア」と呼ばれるアメリカで初めての国民皆保険の導入に成功、大きな政府への流れを「制度」に組み込んだのである。つまり、人気のあったビル・クリントンさえできなかったことを達成したのだ。

オバマの民主党になってもそれまでの民主党とは異なり、さらに前進した考えを持つ。実際、世代変化のシンボルであるオバマ大統領はそれまで使われてきたリベラルという言葉を使わずに、それよりも前進したという意味を加えてプログレッシブという言葉を使っている。

アメリカは今、40年に一度の変化の中にあるために、両党が戸惑っている。もちろん、支配層から突如転落した共和党は激しく戸惑っている。時代の流れから離れたばかりの今、その流れに乗ることは簡単ではない。支配層から転落した不満、そこから抜け出す光が見えない不安が、トランプ現象を生んでいると見ることもできる。

民主社会主義者バーニー・サンダース

民主党は、共和党よりは軽度だが混乱していることでは同じだ。予備選の序盤、バーニー・サンダースが、資金面でも知名度でも圧倒していているとみられていたヒラリー・クリントンと大接戦を繰り広げた。

2月1日、アイオワ州予備選で「クリントン候補とほぼ同率」という選挙結果が出た直後、サンダースは次のように演説した。

「まだ結果は全部出ていませんが、どうやら我々は、アイオワの代議員の半数を獲得したようです。（中略）今夜の出来事を考えると、アイオワの人々は、極めて明確なメッセージを、政界のエスタブリッシュメントたち、経済界のエスタブリッシュメントたち、そして、（記者席を指差す）メディアのエスタブリッシュメントたちに叩きつけたのだと思うのです」

「そして、我々がアイオワで健闘し、おそらくはニューハンプシャーでもそれに続く各州でも健闘するであろう理由は、アメリカの人々が不正な経済にNOを叩きつけているからです。平均的なアメリカ人が低賃金で長時間働いているにもかかわらず、新たに創造される富が富裕層の1％に集中するような経済はもうこれ以上必要とされていないのです。

アメリカの人々は、この国が、公正さの上に築き上げられた国だと理解しています。トップ1％の中のわずか10分の1の人が、その他90％の人の合計よりも多くの富を所有しているのは公正ではありません。この国最大の金持ち20人が、この国の底辺半分の人々の合計よりも多くの富を持っているのは、公正ではありません」

「Enough is enough!（もうたくさんだ！）。みなさん、革命的なアイデアへの準備はいいでしょうね？　その革命的なアイデアとは、我々が、富裕層だけでなく、勤労世帯にも機能する経済体制をつくるということです。そして、数百万もの人々が貧困ラインの賃金で働いている状況で、我々は、最低賃金を15ドルに引き上げるということです！　そして、そうです、女性にも同一賃金を支払うのです！」

「もうすでに政治に興味を失った人々、ワシントンで行われていることに失望し不満を持っている人、これまで政治に興味を持っていなかった若者を含む数百万の人々が一緒に、若者や労働者や高齢者がともに立ち上がり、『もうたくさんだ！』と。我々の政府は、この偉大な国の政府は、少数の金持ちではなく我々みんなの政府なのだ！と声を挙げる政治革命。この革命が起こるとき、我々は、この国を変えることができるのです。

ありがとう！」

アメリカの大統領選でこうした社会主義的色彩に満ちた演説が行われることを誰が予想しただろう。しかもサンダースが冷笑されたのは大統領選出馬の当初だけで、時間の経過とともに熱狂的な支持が拡大していった。

支持者の核は若者たちである。

学資ローンの返済に押しつぶされそうになっている新人社会人や学生を中心に、若者のサンダース支持が全米規模で広がっている。

深刻になるばかりの経済格差が若者たちを不安にし、彼らはオバマ大統領の取り組みも充分でないと考えている。

バーニー・サンダース　民主党上院議員

サンダースは次戦のニューハンプシャーで勝利し、スーパー・チューズデーの戦いでは11州中4州でクリントンを破り、善戦と称えられた。彼は指名獲得の戦いを党大会まで続けると宣言した。

サンダース支持の根底にあるのは「お金のかかる資本主義」にたいする嫌悪感と反感である。お金のかかる資本主義の共和党的反感がトランプ支持にまわり、民主党的反感がサンダース支持になっている。映画「マルコムX」などの作品で名を知られる黒人映画監督スパイク・リーが支持を表明した。

「バーニーは企業から一銭も受け取らず、それは賄賂をもらっていないということだ。(中略)彼は生涯をかけて富や教育の平等のために闘ってきた。行動する時だ」(朝日新聞2016年2月25日付夕刊)

お金がかかる資本主義の民主党的権化はヒラリーだ。彼女は旧体制側の政治家と見られてきた。つまり夫ビル・クリントンの流れを汲むのだと。だからヒラリーも今回は夫の政策を時代に合わないと早々と否定した。一方、共和党的な権化はジェブ・ブッシュだったのだが、彼はまったく票が取れず、大統領選からすぐ撤退した。お金のかかる資本主義に対する反感のあらわれがサンダース現象なのだろう。

サンダースは革命という言葉を使うが、オバマケアのようにお金の流れを根本的に変えるほどの大きな政策は持っていない。金持ちに対する課税や教育の無償化など、社会階層間の格差の是正を目指す。それはやはり今の若者の意識にピッタリくるのだろう。多様化した社会では階層間のアンフェアの是正が必然となるからだ。

ちなみにサンダースは学生時代、人種差別に抗議してデモをしていたとき警察に逮捕されている。その写真がシカゴトリビューン紙に掲載されたことが支持率を上げる時代になったのである。

民主党左派のサンダースと共和党の異端児トランプとはコインの裏表なのである。左右の両極でアメリカは揺れ動いている。のたうつアメリカという形容がぴったりくる。

ヒラリー有利は動かない

ヒラリーは女性、黒人、高齢者、そして金融業界のユダヤ人票を取り込み、黒人率の高い州で圧勝した。

言わずもがなだが、ヒラリーだけが政党との関係が深い。サンダースは左すぎて民主党にも所属することなく無党派で上院議員を務めてきた変わり種である。

ちなみに、共和党の主流派には、共和党の候補者がトランプになるなら、ヒラリーのほうがいい、というギャグとも本音とも言える声がある。これは、トランプは共和党を破壊して国を壊し、サンダースは国の形を破壊すると考えるからだ。そうであるなら、意見は異なるといえども、国も政党も破壊しないヒラリーが望ましいという本音である。

ヒラリーはウォール・ストリートとの関係も深い。オバマ政権ではウォール・ストリートへの課税強化を試みたが、それほど大きなことはできずに頓挫した。アメリカの富の40%を1%の人が保有しているという研究結果があるため、ウォール・ストリートへの大衆的な反感は強い。だが、ばく大な選挙資金が必要な大統領選挙では通常、ウォール・ストリートとの関係は多くの政治家にとって重要である。しかし、サンダースとトランプは違う。サンダースは小口寄付を募り、トランプは自前である。そのため、税率は異なるが両者はウォール・ストリートへの課税強化を訴えている。

次表（表4）の比較を見ると、共和党のトランプと民主党のサンダースは正反対の立ち位置に見えるが、実は結構似ているのである。しかも両者が予備選挙の台風の目になっている。

しかし、この比較をよく見ると、選挙ではヒラリーがサンダースよりも、そしてトランプよりも強いことは明らかだ。

なぜなら、支持が白人にとどまっているうちは、サンダースとトランプはヒラリーに勝てないからだ。これから社会の中枢となるマイノリティに支持を拡大できるかどうかが大きなポイントになる。

予備選挙でサンダースが勝ち抜くためには、人種のるつぼと言われる大都市で勝つ必要がある。まさしくヒラリーのマイノリティ票をどれだけ崩せるかにかかっている。

一方、差別発言を繰り返すトランプがヒラリーのマイノリティ票を崩して、本選挙でヒラリーに勝つことは難しい。トランプに共和党も国も破壊されると心から心配する共和党の体制派が、ヒラリーを陰で支えようとする動きもあるほどなのだ。ヒラリーには共和党の票すら流れる可能性がある。

なぜ、また、ヒラリー・クリントンなのか?

ヒラリー待望論は、夫のビル・クリントン大統領に人気があったからでも、日本で言われているようにオバマ大統領に人気がないからでもない。なんと、時代の変化が、ヒラリー・クリントン大統領待望論を生んでいる。

ヒラリー・クリントン　民主党候補

どういうことか。

ヒラリーはホワイトハウスを後にしてから14年間、ヒラリー・クリントンという1人の独立した女性としてキャリアを積んできた。上院議員として活動したときも、オバマ大統領に指名され国務長官として働いたときも、その傍らに夫ビルの姿はほとんどなかった。

また、オバマ大統領にまったく人気がなかったら、同じ民主党のヒラリーが強力な大統領候

表4　トランプ・ヒラリー・サンダースの特性比較

対ウォール街		政治的立ち位置		支持層	
対立	親和	非主流派	主流派	白人	マイノリティ
トランプ サンダース	ヒラリー	トランプ サンダース	ヒラリー (ワシントン)	トランプ サンダース	ヒラリー

補として名前が挙がることはなかったはずだ。オバマ大統領の業績は思った以上にしっかりとアメリカに根づいているのである。

ヒラリー待望論は、オバマ大統領のアメリカが続くことの要請と見ることができる。オバマ大統領が誕生した2008年以来、アメリカ合衆国ではレーガン大統領に代表されるカウボーイの国からオバマ大統領に代表されるマイノリティの国への大転換が起きている。その大転換の結果として、女性大統領待望論が登場しているのだ。

アフリカ系の血を引くオバマ大統領と、典型的な黒人奴隷の家族の歴史を持ったミシェル夫人とその子供たちが、ホワイトハウスに入ることで、アメリカは最大の負の歴史に1つの終止符を打った。2008年大統領選挙で、オバマとヒラリーが激しく争った民主党の予備選挙が本選挙のような盛り上がりを見せたのは、このときの戦いが、アメリカの大統領に黒人かあるいは女性か、どちらのマイノリティが先に大統領なるのか、という戦いだったからだ。本選挙はマイノリティのオバマと白人が支持するジョン・マケイン議員との戦いになったので、すでに結果は見えていた。そのため、本選挙が予備選挙のような盛り上がりを見せることはなかった。

2016年大統領選挙は、いよいよ最大多数派でありながらマイノリティの座に甘んじてきた「女性の番」と考える人たちが、ヒラリーを推している。ヒラリーもその流れをわかっていたようで、国務長官を退いた後、女性の集いを中心にスピーチを引き受けてきた。「女性」であることを、非常に意識して活動してきたのだ。

2015年4月12日、ヒラリーは大統領選挙への出馬宣言を行った。その演説でも、「人権のための戦いに勝利する人になりたい」と語った。

「人権」には広い意味があるが、一言でいえば、多数派にたいするマイノリティの権利である。その権利には、女性問題、同性婚、人種差別そして所得・環境・教育格差などが含まれる。つまりヒラリーは、弱きを助ける大統領、マイノリティのための大統領になると宣言したのだ。このことはすなわち、オバマ大統領の路線を踏襲すると宣言したことにもなる。

日本に限らずアメリカでも、オバマ大統領は「人気がない」と報道されているので、このヒラリーの宣言には、少なからず戸惑いを覚えた人もいただろう。実は、アメリカ国内でも伝統的カウボーイと新興マイノリティの間で綱引きが行われている。だが、両方をよく知るヒラリーは、オバマ路線の踏襲を決断したのである。

しかも今回は、共和党の大統領候補に名乗りを挙げた面々も、少なからずマイノリティの面を内包する。テッド・クルーズ上院議員は、共和党内の政策マイノリティにあたる茶会派のお気に入りであり、メキシコ人の血を引く。マルコ・ルビオ上院議員はキューバからの移民2世である。トランプは経歴からしてマイノリティであり、彼の3人の妻のうち2人は移民である。

いずれの党の候補者を見ても、マイノリティの面を持っている。この顔ぶれを見る限り、アメリカがオバマ大統領以前に後戻りすることはない。

繰り返すが、ヒラリー・クリントンは「女性」というマイノリティの代表として大統領選を戦っている。しかも、夫ビル・クリントンが「アメリカ初の黒人大統領」と呼ばれたように、マイノリティの黒人から圧倒的な支持を受けてサンダースに差をつけた。実際、ヒラリーは黒人の有権者が多い南部の州のほとんどで勝利した。

第2章

トランプ大統領は実現するのか?

民主党はヒラリー・クリントンでほぼ決まり
共和党はトランプ優勢
激しさ増すトランプ降ろし
日本への影響はどうなる?

る。

実現する可能性は低いが、もはや無視できない現象

トランプ大統領は誕生するかと問われれば、その可能性は極めて低いと答えることにな

大統領選挙の投票率はだいたい60%で、2大政党制なので、有権者の30%を取る戦いだ。現在、トランプは共和党の40%を押さえている。政党への所属を断言するのはだいたい両党ともに30%だ。この計算でいくと、現在、トランプが確実に取れるのは12%しかない。共和党がトランプに力を入れるとは思えないので、トランプは浮動票の40%も狙わなければならない。浮動票が流れる先は共和党ではなく、むしろ民主党だろう。古き良き時代に郷愁を持つアメリカ人の多くはすでに共和党に所属している。民主党の相手が誰であれ18%を上積みするのはかなり至難の業である。

一方、民主党はヒラリーであれサンダースであれ、民主党の7割がたの票は固めることが可能と見られている。すでに21%の基礎票を持っている。しかも、ヒラリーであれば、無所属の女性と共和党体制派の票を上積みすることが可能だ。一方、サンダースは、浮動票の若者票を狙える。

実は、まだ残るトランプ以外の共和党の候補者たちもトランプとほぼ同じ状況だ。仮に、

クルーズかケーシックが指名された場合共和党票の7割をまとめたとしても、さらに9％を積み上げなければならない。多様化するアメリカでは、共和党が無党派から9％積み上げるのは民主党よりも難しい。実際に、最近のいずれの世論調査を見ても無党派で民主党寄りの思考を持つと答えている人のほうが共和党寄りと答える人よりも多いのが現状だ。

とりあえずトランプは共和党の指名を得る可能性が高い地位にいる。指名を得られないとしても、大統領にならないとしても、トランプ現象は今や無視できないほど大きくなっているとの認識が広がっている。

話を元に戻そう。なぜトランプが本選挙では勝てないかというと、今の人口動態に起因する。今の人口動態では、トランプに限らず誰が候補者になっても共和党は苦戦する。なぜなら、共和党は従来のアメリカの中枢である白人男性からとりわけ支持されており、増え続けるマイノリティに向けた政策が遅れているからだ。増える一方のヒスパニック票、数の上では多数派であるが政治的マイノリティに甘んじてきた女性票を獲得することは、共和党が勝利するための必須事項だ。だがこれらは、明らかに苦手な分野である。多様化社会になればなるほど、つまりマイノリティのグループが増えれば増えるほど、マイノリティに優しい政策をとってきた民主党に有利に働くことは当然である。

ブルッキングス研究所も無視できない現象であることを認め、「トランプが大統領になった際の評価の3つのシナリオ」を発表している。

そのシナリオに、選挙戦のように大統領職をうまくこなした場合、大統領があてにならないので議会がしっかりしてそれなりに機能した場合、まったくの大失敗に陥った場合の3つが書かれている。うまくいく場合は、少々ギャグっぽくもあるが、例えば外交政策ではトランプ大統領はあてにできないので、それぞれの国が自国の安全保障を強化し、結果として世界は安全になり、経済ではオバマケアが廃止され、それよりも有効なトランプケアが導入されるだろうとなっている。

トランプが大統領になる可能性も踏まえて本選挙を予想することは、今後のアメリカとの付き合い方のヒントになると思う。

トランプの人気の理由を書くと、私がトランプ礼賛者のようにとらえる人もいるようだが、私は事実を分析するだけで期待しているわけではない。これは誰にたいしても当てはまる。オバマ大統領についても、ヒラリーについてもサンダースについても例外ではない。

オバマ大統領が再選された際に「オバマ大統領が強い理由」を書いたら、「横江さんはオバマ大統領が好きだよね」と言われたが、私は再選された理由を客観的に述べたに過ぎない。共和党系のシンクタンクでも、オバマ再選の理由を分析すると、勝った理由だから結果として褒めているようには聞こえる。でも、「推薦・支持（Endorse）さえしていなければ、まったく問題ない。好きなように分析しなさい」と言われた。

3人の政策を比較すると?

3人の政策比較をすると、なんとアメリカがこれから進む方向が見えてくる。次表(表5)を見ていただきたい。

興味深いことに、この表でもサンダースとトランプの政策は似ている。経済格差の是正については、見方によってはトランプのほうがヒラリーよりも辛辣だ。なにしろ、トランプとサンダースの2人は、金持ちによる金持ちのための政治資金団体「スーパーPAC」から選挙資金を受け取っていない。サンダースとトランプの違いは「税率」である。「革命」という言葉を使うサンダースのほうが当然のごとく富裕層に高い税率を要求している。一方、ヒラリーは民主党の富裕層から潤沢な資金を受け取っている。そのためヒラリーが、ウォールストリートや富裕層にたいして厳しくすることは容易ではない。とはいっても、ヒラリーは大学の学費を無料にするしオバマケアも踏襲する。方法は異なるが、3人のうち誰がなっても経済格差の是正には重きが置かれる。

外交・安保でもサンダースとトランプは同じグループだ。両者ともに国内の雇用を最優先し、保護主義の傾向が強くなる。サンダースは国際政治にそれほど関心が高いように見

表5　ヒラリー、サンダース、トランプの政策比較

外交安保		経済格差		社会政策	
孤立主義	役割	強	弱	リベラル	穏健保守
サンダース トランプ	ヒラリー	サンダース トランプ	ヒラリー	ヒラリー サンダース	トランプ

えない。アメリカはそれほどの役割を果たす必要はないと考えているのだろう。トランプの場合は、自由貿易については、サンダースと同じ立場だが、国土安全保障については差別発言ととれる発言を繰り返し、必要性を訴えている。ヒラリーは国務長官を務めた経験もあるので、アジアも含めて紛争地域でアメリカは役割を果たすべきと考えている。

社会政策についてもオバマ大統領が大きく変えてしまったので流れは変わらない、経済と社会においてはトランプが大統領になっても民主党の2人のどちらかがなっても、方向性は大きくは変わらないと言えるだろう。

予想外に台風の目となった2人が両方とも国際社会でのアメリカの役割の低下を望んでいることを考慮すると、案外、アメリカの将来は、こちらに向かう傾向があるのではないかと思われる。

ヒラリーが大統領になるということは、次代への移行の準備期間という意味合いなのではないか。いきなり、ヒト

ラーの再来と言われるトランプや民主社会主義者と自らを呼ぶサンダースが大統領になると、変化が大きすぎる。この分類を見ると、「とりあえずビール」のように「とりあえずヒラリー」がつなぎ役として登場する可能性は高いように思われる。

日本を含む国際社会は、ヒラリーになった場合、モラトリアムの期間が与えられたことになる。次に国土安全保障だけに力を入れる、孤立主義の大統領が出る可能性が高いと考えて準備したほうが身のためだと言えようか。

もはやレーガン的なアメリカの時代は終わったようなのだ。

二大政党制は生き残る

トランプ人気のため共和党はレームダック(死に体)状態だが、だからといって政党がなくなることはない。逆に、トランプが暴れまわることで、トランプ以後の共和党の結束は強まることになるだろう。トランプ支持を約束して、大統領選挙を降りた神経外科医のベン・カーソンは「トランプが大統領になったとしても1期だけだ」と語っている。つまり、万が一、トランプが大統領になったとしても、それ以後のために党はますます結束していくことになる。

トランプ対ヒラリーとなると、共和党員の中には、共和党を守るためにヒラリーに投票するという人も出てくる。私も共和党の友達からこの話はよく聞いている。共和党の知識層にとっては、ヒラリーの政策は反対するところもあるが、トランプよりは納得がいくし、まず政党政治を破壊することはないと考えている。

サンダース対トランプとなると、民主党はサンダースで固まる。さすがにオバマ大統領以上に大きな政府になるサンダースは政党どころかアメリカという国を破壊すると考えるので、共和党の票が民主党に流れることはない。そうなると、トランプで結束せざるをえない状況になるだけに共和党の悩みは底知れない。

共和党は万が一、トランプが大統領になっても、民主党候補が大統領になっても、とにかく2020年大統領選挙に向けて今まで以上に必死に活動することは確実である。誰が共和党の大統領候補になったとしても、共和党は今まで以上に党の結束を図ることになるだろう。トランプ現象はもうこりごりだと思うはずだからだ。

共和党の結束はすでに対トランプで始まっている。共和党主流は、どんな手を使ってもトランプが指名されるのを阻止しようとしている。絶対に過半数の代議員を取らせないようにして、7月の党大会まで指名決定をもつれさせようとの戦略である。

トランプが党大会までに過半数を獲得していなければ、党大会の代議員の投票で候補者は決まる。そこで、現在残る2人のうちより勝っている候補者に代議員をすべて移行させれば、その人が候補者になるという奇策である。

こうした党内事情もあり、トランプが先行しつつも3人(クルーズ・ルビオ・ケーシック)は選挙からなかなか降りなかったのである。実際、トランプの過半数取りを阻止するため、ルビオが信じられない気さくな態度に出た。ルビオとケーシックの進退を決めると言われて注目を集めていたミニ・スーパー・チューズデー(3月15日)を前にして、「オハイオの私の支持者の皆さん、この選挙では僕ではなくケーシックに投票してください」と演説したのだ。私はわが目を疑った。

だがこれは、ケーシックの地元であるオハイオ州と、ルビオの地元であるフロリダ州の両方をトランプに取られると、トランプは7月までに過半数に届いて自力で指名を受ける可能性が高まる。それを阻止するための苦肉の策である。これが、ケーシックには優位に働いたという世論調査は出ているが、ルビオ人気には残念ながらつながらなかった。

ただ、トランプが過半数に届かなかったとしても、1位でありながら党大会でひっくり返されたとなったら、トランプは無所属で出馬するだろう。共和党は票が割れるので、その場合も、本選挙はさらに民主党に優位になる。共和党がこの奇策を使った場合、共和党が崩壊することはないが、その立て直しには時間がかかるだろう。

顕在化したトランプ的なアメリカ

大統領選挙では、投票日が近付くとおもしろい世論調査が行われる。

「誰と一緒に一番ビールを飲みたいですか？」

アメリカ大統領選挙のときに、必ず行われる世論調査の質問である。往々にして1位になった候補者が大統領に選ばれている。

さて、何と答えるだろうか？

私の頭には、トランプが浮かび、自分でも驚いた。だが、候補者の中では一番、幅広い話題で楽しく会話ができそうだし、なんといってもアメリカン・ドリームという言葉がぴったりだ。このトランプの人間的魅力がトランプ旋風の背景ではないだろうか、と思えてきた。

松下幸之助翁は松下政経塾をつくった際に、成功に必要なのは「運と愛嬌《あいきょう》」と言っていた。トランプは、事業では何度も失敗しているが、そのたびに復活している。トランプの成功を信じて融資をする人が、常に存在してきたのである。「運と愛嬌」の塊のような人なのだ。

しかし、「運と愛嬌」だけでは、あれほど多くの人々を熱狂させることはできない。前述したように、共和党の候補者との政策比較でも、民主党の候補者との政策比較でも、トランプの立ち位置は多数派のほうに入っている。トランプの政策は差別発言を除けば、ある意味、アメリカの最大公約数的なのだ。つまりアメリカには、党を超えてトランプ的なものが存在し、かつトランプ的なものは、今後も残っていく。

トランプは失言のたびに支持率を上げてきた。つまり、彼を支持する人々にとっては「政治的正しさ」のために言葉にしなかった本音だったのである。私たち外国人は、トランプの失言と支持率の連動を見て、アメリカ人の本音を初めて知ることができたのではないか。それほどの衝撃があった。

私はアメリカ政治のごく近くにいたので、国益に直結する国際政治では、公の場で話す場合にいくつかのタブーがあることを知った。もちろん、それがなんであるかをここで書くことはできない。政治に関して発言する際にはさまざまなタブーがあることを実感していたので、トランプ発言についても最初は本当に驚いた。しかし、そのたびに支持率を上げているのを見て、本音を隠すこれまでの政治にトランプが挑戦していることに気が付いた。

トランプは立候補したばかりのころに「政治的正しさなんて、俺には関係ない」と発言している。

「メキシコとの国境に壁を作れ」「メキシコは犯罪者を輸出している」「メキシコ人はレイプ犯罪者だ」。この暴言の背景には、近年ヒスパニックの違法移民が増え続け、メキシコからのコカインなどの麻薬の密輸が大きな問題になっていることがある。

「イスラム教徒を入国させるべきではない」

これも辛辣だが、口には出さずともそう思っているアメリカ人がいるのである。

厳しい質問をした女性アナウンサー、ミーガン・ケリーについて「あの女性の目には血が見えた。どこから出ていたのかわからないが」と、生理中のイライラを暗示する発言までしたときは、さすがに支持率を下げるかと思った。だが、その次のテレビ討論会を、ケリーがアンカーをつとめるという理由でトランプは参加しなかったのだが、そのことでもまた支持率を上げたのである。

トランプは、「政治的正しさ」という言葉で蓋《ふた》をしていた、アメリカ人にとっては見せてはいけない本音を、公開してしまったのである。トランプの意見に賛同する人は全米の1割強に過ぎない。だが、その本音の蓋を開けてしまった影響は、アメリカ全土だけではなく世界に及び、決して小さくないだろうと思う。

その影響の1つが、トランプの遊説会場ですでに起きている、支持者と反対者の衝突である。

多数派と少数派の立場が本当に逆転する過程では、少数派になる白人と多数派になるマイノリティとの間の調整が、思った以上に必要になることを、トランプ現象は示唆している。

実は、働く女性の味方であるトランプ

女性差別発言をしているので、トランプは男尊女卑かと思うと、そうでもない。

そこで、「ボスとしては誰が一番だろうか」と考えてみた。

「やっぱりトランプかな」と思う。

理由は一番、面倒くさくないうえ、仕事を任せてくれそうに感じるからだ。共和党では次に、マルコ・ルビオ上院議員。移民で苦労しているだけに、不合理な親分風を吹かせそうにない。一方、民主党は、ヒラリーのほうが組織のためにはなりそうだが、サンダース上院議員のほうが社員を育てる努力をしそうな気がする。

なぜ、トランプが上司であると男女差別なく実力で登用されると思うのか。なぜ、女性蔑視の発言がそれほど問題にならなかったのか、とその理由を考えてみたら、興味深い事実に突き当たった。

トランプは、非常に女性を見る眼があり、しかも育てるのがうまい。

トランプは3回結婚し、しかも妻は3人ともモデルである。金髪の青い目の美人が好みであることは確かだ。だが、彼女たちの経歴を見ると、いずれも才媛である。

最初の妻イヴァナは、冷戦時代のチェコからスキーヤーとしてオリンピックに参加している。その後、西側に亡命しモデルの仕事をしていたころにトランプと知り合った。結婚後、トランプは彼女のビジネスの才能を開花させた。当時のニューヨークのランドマークだったプラザホテルは彼女が任されていた。離婚したときは莫大な慰謝料を受け取った上で、個人のブランドで会社を立ち上げ、今も成功している。

2番目の妻マーラはテレビでホストショーを務めたほどの多才である。

そして現在の3番目の妻メラニアはスロベニア大学を出た才色兼備のモデルである。美しい見た目だけでなく、彼女の才媛ぶりにトランプがひかれたことは有名だ。

トランプは結婚の回数は多いが、それぞれにそれなりの誠意を見せている。最初の離婚では一文無しになったと言っていたほどだ。「オレと寝たい女はたくさんいる」と言ったりするが、愛人を複数囲っているという報道も出ておらず、夫としても、それほど性質が悪い種類ではないのかもしれない。

また、3人の妻との間にそれぞれ子供をもうけている。そして、トランプが跡取りに指名しているのは娘のイヴァンカである。イヴァンカには兄と弟がいて、2人ともトランプの会社に入っている。トランプは、後継ぎとして優秀であれば、生まれた順番も性別も関係ないのである。

クリントン大統領が登場して以来、アメリカのファースト・レディに、専業主婦はいない。いずれも大統領の夫並みに優秀な女性たちだ。ヒラリーは弁護士、ローラ・ブッシュは図書館司書、チェイニー副大統領の妻は大学の同級生でPh.D.(博士号)まで取得した研究者だ。ミシェルはオバマの先輩弁護士だった。副大統領であるバイデンの夫人も教育博士として大学で教鞭をとっている。

実は、共和党の働く女性たちが、共和党に一番変化してほしいところは、女性差別である。富裕層が多いこともあるが、共和党員の妻は専業主婦が多い。今や権利として仕事をする女性も増加しているが、専業主婦になりたくても働かざるをえない女性たちも少なくない。そこで、2012年大統領選挙では「ロムニー夫人は一昔前の理想のファースト・レディだけど、今だったらミシェルのほうが魅力的ね」と、共和党の働く女性たちはこっそり話していた。

今回の大統領選挙でも、民主党の2人の相方は仕事の同僚でもある。一方、共和党は仕事をする妻は半々である。クルーズの妻はバリバリの金融ウーマンであるが、ルビオとケーシックの妻は専業主婦である。

近年、性別に関係なく、同等に仕事をする権利が叫ばれる中、専業主婦はどんどん減っている。共和党の予備選挙が、トランプ1位、2位クルーズで始まった構図は、案外、この2人に時代に合致する女性を見極める眼があったことが影響しているのかもしれない。実は、共和党ではこの変化は非常に大きい。共和党は伝統的な家族の価値を重んじているので、母親は子育てにあたるべきという考えが強く根づいている。ハーバード大でPh.D.を取り、研究職についていたある女性が子育てのために仕事を辞めたと聞いたときはびっくりした。いつの時代の話かと思うだろうが、つい最近の話である。

レーガン・リパブリカンがトランプ・リパブリカンに

かなりセンセーショナルに聞こえるかもしれないが、トランプの出現で共和党の思想的根幹であったレーガン的思想は終焉を迎えた。

レーガンの共和党は、減税と競争を基本とする小さな政府、キリスト教的価値を基礎とする社会政策、圧倒的な軍事力が原則的な考えであった。実は、南部の票はレーガン大統領が誕生したことで共和党に流れるようになった。それまで南部は、サザン・デモクラッツと呼ばれる民主党を支持する地域であったため、その後、レーガン・リパブリカンと呼ばれるようになった。

レーガンは、ジミー・カーター大統領を破って当選したが、その際の勝因は南部の信仰心であった。カーターは南部の牧師出身でありながら、人種差別をする大学の特権をはく奪したため、黒人を奴隷にしてきた南部の白人クリスチャンは失望していた。今なら、カーターの政策は当然であるが、当時は人種差別が色濃く残る時代であり、カーターの取り組みは民主党にとっても急進的だったのだ。

カーターへの不満が溢《あふ》れる中、レーガンがキリスト教の価値で同性婚や中絶といった社会政策を考えるべきと主張して登場した。そのため、南部クリスチャンは心をわしづかみにされてしまったのだ。その後、レーガンをシンボルと掲げる共和党はこの3つ（小さな政府・キリスト教的社会政策・強大な軍事力）を保守思想の原点としてきたのである。

トランプは、この3つのいずれにも同調していない。経済政策で減税は主張しているが格差是正は必要だとしている。愛読書は聖書であると語っているが、エルトン・ジョンの同性婚の結婚式に出席したこともあり、その行動ぶりから、誰もトランプを社会保守であるとは考えていない。

それにもかかわらず、トランプは南部リパブリカンの州をほぼ総取りしているのである。社会政策においてキリスト教的価値が大事であるとするクルーズがこれらの州で先行するかと思われていたが、なんと受け入れられていたのはトランプだったのである。

ワシントンのフリー新聞ポリティコが、南部のクリスチャン社会にも大きな変化は押し寄せているとの記事を掲載したほどだ。

レーガンの時代、南部クリスチャンにとっては、クリスチャンであることがもっとも重要で、共和党員であることが2番目にきていた。今では、共和党員であることが先でクリスチャンであることは二の次になっているという。

とりわけ、南部の信仰心の強いエバンジェリカルは（米国福音派）、フランシスコ法王の考え方に異を唱えている。フランシスコ法王は就任当時から、格差社会の是正を訴え、温暖化対策への取り組みの必要性を事あるごとに発言している。また最近では、ジカ熱のことを考えると出産コントロールもいたしかたない、との発言をした。これらはいずれも、南部クリスチャンの思想とは逆である。南部クリスチャンは「法王は政治に口を出すべきではない」として、独自路線を突き進んでいる。

ちなみに、ワシントンのポリティコ紙は、本来のキリスト教は、困った人を助けることが大事で自由経済の信奉者ではないし、ましてや聖書には温暖化についても出産コントロールについても記述はない、と書いていた。

ご存じのように、トランプはフランシスコ法王の発言にかみついたことがある。フランシスコ法王は南米を訪れた際に、「国境に壁を造るというのは、クリスチャン的ではない」

と語り、トランプの「メキシコとの国境に壁を造る」発言を意識したもののように思われた。トランプもそう思ったらしく「人の信仰心をとやかく言うのは、不謹慎である」との反論を発表した。とても多くの人が驚いただろう。さすがのトランプも翌日には、「フランシスコ法王は素晴らしい人である」とのコメントを発表し火消しを図った。

こうした経緯があったので、カソリックではないものの同じクリスチャンの南部票はトランプには流れないと思われたが、蓋を開けたら、トランプの独り勝ちだった。

法王事件以後、南部クリスチャンの根城とも言えるリバティ大学の学長や日曜のテレビ番組で人気の牧師が、クルーズではなくトランプの支援を表明している。

政策を重要視する南部クリスチャンにとっては、フランシスコ法王は敵であり、敵の敵は味方という理論がトランプにたいして働いたとしか考えられない。なぜなら、トランプの経済政策と社会政策はクルーズに比べると格段にフランシスコ法王と似ているからだ。

武道館のような巨大な教会で熱狂的な祈りを捧げるタイプが多い南部では、宗教のリーダーの意向などで方向性が決まりやすいという特徴がある。実は2008年大統領選挙では、この地域の若者は、オバマにキリストの再来を重ねて、オバマに投票していた。

アメリカの信仰心は、最近、特に弱くなっている。2007年に無宗教であると答えた人は16%であったが、2014年は23%にまで増えている。教会に行く人の割合が減っていることも最近のアメリカの特徴になっている。ちょうどその時代に、オバマとトランプは登場したわけだ。

２００８年、南部クリスチャンの若者はレーガン・リパブリカンに別れを告げ、そして２０１６年大統領選挙ではトランプの登場でレーガン・リパブリカンは消滅してしまったと言ってもよいだろう。

「アメリカン・ドリーム」を見せる

不動産王トランプは、失われつつあるアメリカン・ドリームの象徴だ。トランプが映るニュースを流すチャンネルの視聴率がもっとも高いと言われる。政治的主張と行動はどうであれ、なにしろトランプは見たいと思わせる存在なのだ。

遊説の場所も、独特だ。野外の場合、画面に入りきらないほどの大きさの「トランプ」のロゴが入ったプライベート・ジェットが後ろに映っている。空港に遊説会場をつくっているのだ。トランプの遊説のポスターはプライベート・ジェットだ。まさしく、アメリカン・ドリームの達成者だからこそ許されるオレ様ぶりである。しかも、トランプは自己資金で戦っているのだから、その金満ぶりに誰も文句を言えない。

アメリカでは事業に成功しお金持ちになるのはもっとも尊敬されることである。赤十字も美術館も大学もシンクタンクも、金持ちの寄付がなければ運営は立ち行かない。金持ちの寄付はアメリカでは不可欠になっている。

日本人がアメリカでのビジネスを目指すときには、必ず「アメリカン・ドリームに挑戦したい」と言う。アメリカとアメリカン・ドリームは同義語であると言ってもいいほどだ。だが、そのアメリカン・ドリームは今、崩壊の危機にあると感じている人が多い。なんと、税金が高すぎて市民権とグリーンカードを捨てる人が最近急増している。サンダースが大統領になると、もはやアメリカからアメリカン・ドリームは消失すると心配する富裕層もいる。

アメリカン・ドリームを一攫千金《いっかくせんきん》ととらえると、ビジネスが成功しやすい環境と税金が厳しくないことが必要である。レーガン大統領の経済政策であった、自由な市場競争と減税は、まさにアメリカン・ドリームをつくり、享受するための政策である。

現在の候補者の中で、減税を政策として強く掲げているのは、アメリカン・ドリームの体現者であるトランプだけだ。

ただ、アメリカでは大金持ちになることだけがアメリカン・ドリームではない。自立して稼ぎ、家庭を持つ、マイホームを持つことも、十分なアメリカン・ドリームだ。アメリカには、多様なアメリカン・ドリームが存在している。アメリカン・ドリームという言葉は建国時にも登場し、誰にとってもアメリカン・ドリームが可能であることがアメリカの特質なのである。頑張れば、大成功できるし、そこまで行かなくても、より良い暮らしが手に入る「機会の均等」が誰にでも保証されていることが必要なのである。

1％の富裕層が33％から40％のアメリカの富を手にしているとの研究結果が発表されるほど経済格差が進むアメリカでは、アメリカン・ドリームが多くの人にとって現実のものでなくなってしまっている。99％の人にもアメリカン・ドリームの機会を持たせるようにしたい、というのが経済格差の是正を目指す政策である。

この部分をとりわけ重要視しているのがサンダースである。大学の授業料免除は機会の均等を目指す彼の代表的な主張である。アメリカの大学の授業料は日本と比べても桁違いに高く、年間授業料が500万円から1000万円近くになる。そのため、アメリカの大学生の多くは大学に進学するために教育ローンを組んでいることが多い。大学を卒業したときにはすでに大借金を抱えている。だからヒラリーも、サンダースに支持率で猛追されたとき、大学の学費の全額免除を打ち出した。

だが、サンダースは共産主義者ではないかとの疑念を持たれているため、高額所得者には90％の税金をかけるのではないかという噂がまことしやかに流れた。サンダースの実際の提案は1000万ドル（約12億円）以上の高額所得者の税率を52％にするというものである。だが、世界有数の富豪である前ニューヨーク市長のマイケル・ブルームバーグは不安に感じたという。彼が出馬を考えたのは、まさに、アメリカン・ドリームの崩壊の危機を感じたからだったと民主党の資産家ネットワークから聞いた。

経済格差の是正とアメリカン・ドリームは、今までであれば相性が悪い。誰もが牛乳を買うことができ、テレビもエアコンもある生活ができているのだからアメリカの経済格差はそれほど問題ではない、と結論づける保守派の研究もある。

共和党は、レーガンの自由経済を信奉してきたので、経済格差の取り組みには消極的だが、これまたトランプだけは違うのである。今の状態は行き過ぎだとして富裕層には課税を強化し、ウォール・ストリートにも厳しく向き合い、しかも教育は無償にするとの発言もしている。トランプは違法移民の入国には厳しいが、労働ビザの拡充は公言している。トランプはレーガンとサンダースの「最適点」を探っているかのように思える。

今までのアメリカでは、多数派の白人には機会の均等がある程度約束されていた。黒人への不平等是正は黒人に対する政策であり、経済政策ではなかった。マイノリティが種類も数も増えた今、経済格差はアメリカン・ドリームを維持するための経済問題になっている。

政策を見ると、それを理解しているのがトランプということになる。

トランプの経済政策は一貫性がなく、ときおり、めちゃくちゃなことも演説で言っている。だが、アメリカン・ドリームの達成者だけに、人事をきちんとして会社経営のように政治も運営できるのではないかと思う支持者は多いようだ。前述したブルッキングス研究所の〝トランプ大統領が誕生した場合の成功例〟は、まさに、人に任せて話を聞いて最適な運営をするというものだった。

レーガン的タカ派は消える

今のアメリカでもっともネオコン的なのは、オバマ大統領とヒラリーではないかと私は思っている。民主党も共和党も「アメリカは世界の警察ではない」ということで合意ができているのに、この2人だけは、世界の要請にある程度応え、一定の役割を果たさなければならないと思っている。民主党は、もともと軍事戦略にそれほど興味がないので彼らの後継者は見つからない。関心が高かったはずの共和党でも冷戦が終わった今、レーガン的タカ派は風前の灯《ともしび》である。アメリカよりも日本のほうがレーガン大統領の強いアメリカに対する憧憬が深いと思えてならないほど、世界で役割をになうレーガン的強さはアメリカではすでに幻想なのである。

2012年の中間選挙の後、ヘリテージ財団の「今後の共和党と民主党」という公開イベントが行われた。そのとき語られたのは、民主党はコミュニティを重んじるコミュニティ主義（Communitarianism）になり、共和党は経済と社会ではさらに自由を信奉するリバタリアン化し、国際政治では孤立主義になるという予測が話された。

民主党ではコミュニタリアンは個人主義のリベラルから一線を引かれていたが、オバマ大統領がコミュニティ主義化した。外交・安保においてもコミュニティで問題解決を図る姿勢である。

アメリカは今、独自で軍事展開をするようなことはない。国連やNATOの枠組みを非常に重要視する。TPPの創設もコミュニティ主義に合致する。2015年1月にISISがパリで連続襲撃テロを行った際、アメリカは「9・11同時多発テロ以降、国土安全保障に成功している」と胸を張った。アメリカが成功例として挙げた取り組みは、テロリスト予備軍の渡航拒否リストの作成と、地元警察と地元の宗教リーダーやコミュニティ・リーダー、そして警察と税関との連携である。

例えば、地元のリーダーはISISに影響されそうな若者がいたらその姿を常時確認する。いないことに気が付いたらすぐに警察に通報し、警察は国外と経由地になりそうな外国に連絡する。実際、これらはうまくいっている。渡航禁止データベースにフランスの実行犯の情報がすでに入っており、フランスにその情報を提供した。また、コミュニティの連携で、ISISに入ろうとしていたデンバーの高校生をイギリスの空港で止めることに成功している。

共和党のリバタリアン化と孤立主義は、社会政策と外交・安保政策で〝レーガン的な〟共和党と決別したことを意味する。そのため、前述の公開イベントに参加した共和党系の国際政治研究者は戸惑っていた。共和党の保守思想では、小さな政府とは社会保障や規制のことを指し、軍事費は別建ての予算であった。一方、リバタリアンになると、軍事費も小さな政府の視点で見るので、そんなことに金を使って何の意味があるのか、ということになる。

つまり、外交・安保においては、民主党のコミュニティ主義のほうが共和党の孤立主義よりも、国際社会に関心が高いという逆転現象が起きる。

共和党の4人の候補者のうち、孤立主義を堂々と唱えているのはトランプだけである。クルーズは積極的に国際問題を発言していない。冷戦時代に連邦議員だったケーシックと主流派の大御所つまりレーガン・チルドレンに可愛がられるルビオは、レーガンほどではないが、強いアメリカを訴えている。

外交・安保を国土安全保障の観点でとらえるトランプとクルーズが予備選挙で先行しているところを見ると、共和党にとってはこちらのほうが心地良い時代になったのだろう。

レーガンの外交・安保政策を信奉するヘリテージ財団の国際問題の研究者たちは、「（レーガン的）保守思想では国際政治に関わることが大切であることを、まずは議員から啓蒙して、なんとか今の流れを止めたい」と口をそろえる。最近私が、「どんな感じ？」と聞いてみたら、「うーん、良い質問だね」と返ってきた。「良い質問だね」は、答えたくない質問をされたときに使う常套句である。

アメリカは崩壊か？　収束か？　衝突する支持者とプロテスター

トランプの主張は一見、矛盾していい加減な感じがするが、アメリカの本音のオンパレードである。本音のパンドラの箱を開けてしまった今、やすやすと戻ることができないどころか、もう元にもどることはできない。

パンドラの箱が開いた代表例は、トランプの遊説イベントでの人種差別を原因とした衝突である。

トランプが勝てば勝つほど、トランプの遊説会場では支持者とプロテスターとの間で衝突が起きるようになった。私は1996年大統領選挙からアメリカ政治を追ってきたが、警察が出動するような衝突は見たことがない。

トランプは、反トランプのマイノリティにたいして、「家に帰って、仕事をしろ。あいつらがアメリカを偉大にしたんではない」と言ったり、「メキシコは犯罪者を輸出している」という言葉で、白人が隠し持っていた「差別」という深層心理を刺激した。とりわけ今回は、多様化の時代で肩身が狭いと感じている白人の深層心理に響いた。白人の中にはすでにマイノリティの気持ちになっているグループもある。それはオバマケアを阻止するため組織されたティ・パーティだ。私はティ・パーティを運営する幹部にインタビューしたことがある。その際に「ティ・パーティは共和党系の組織として初めて野外で大規模集会を行いました。大規模集会は民主党のものだったんです」と語っていた。そのときは、なるほどと思ったが、実はこのグループは、「自主自立の精神はマイノリティになる流れ」であることを知っていた。つまり、白人が多数派ではなくなることを感知し、ティ・パーティを結成したときに自分たちがマイノリティであることをおのずと受け入れていたのではないかと思う。白人が多数派の特権階級だったときは、「金持ち喧嘩せず」の言葉通り余裕のある姿勢を保てていたのだ。

多様化社会への移行に不満を抱えるマイノリティ気分の白人が、トランプの遊説に参加する。一方、差別されてきた人々にとってはさらなる差別を受けるのは耐えられないので、トランプの遊説会場で反トランプの掛け声を挙げるに至る。トランプの演説会場での人種間の衝突はまさに、圧倒的なメジャーが存在しなくなる多様化社会に移行する過程なのである。

オバマ政権になってから人種対立が大きくなったと言う人もいるが、以前は公になることはなく、黒人たちが警察に殺されたとしても泣き寝入りであった。それが今は、スマホでビデオが撮れる。動かぬ証拠ができたために、そういった事件が「見える化」したという背景もある。一見、事件が増えたように思えるが、こちらも多様性社会へ移行する過程と言える。

黒人たちが今まで重ねてきた我慢と、多数派の特権階級からこぼれ落ちそうな白人の恐れが、トランプを挟んで衝突しているのだ。

ヘリテージ財団での経験と世代論から私は、2016年大統領選挙が多様化する社会への移行のため混乱するだろうとの予想はついていた。だからトランプの躍進ぶりにも驚かなかった。だが、候補者の遊説会場で衝突が起こることまでは想像もしなかった。今回の大変化は、今までの変化とは異なり、収束していかないのではないのだろうかとの不安も抱くようになった。

それで調べてみると、40年前の変化の年あたりにも衝突は起きていた。ニクソン大統領がカンボジアに侵攻すると発表したことにたいして、各地の大学生たちが抗議運動を行い、一部が暴徒化した。その際、沈静化するために警察が出動し4人の学生が亡くなるという惨事があった。このあたりから第2次世界大戦の残り香が支配する空気から冷戦時代に入っていく。ニクソン大統領は自分の演説にたいして大学生が抗議運動に向かったことを認めていたという。

そう考えると、トランプを挟んでの衝突は、まるでアメリカが崩壊していく過程のようにも見えるが、格差是正を進め多様化した社会に移行するためには避けられない道とも思える。トランプが大統領にならなかったとしても、トランプがパンドラの箱を開けてしまったがために、人種間の衝突はこれからも続いていくだろう。

そして、万が一、トランプ大統領が誕生したときには、「俺にトマトを投げようとした奴がいたら、ぶん殴ってくれ。裁判代は俺が払うから」なんて軽口は絶対にご法度だ。トランプが予備選挙で勝った場合、この部分でトランプが成長できるかどうかが、今後のアメリカが本当に崩壊するか収束するかのカギになる。

トランプの外交・安保政策は？　彼の暴言はアメリカ人の本音？

ヒラリーとトランプの外交・安保の考え方を比べてみよう。

ヒラリーがオバマ大統領の外交・安保政策を踏襲することは既定路線である。マスコミは、ヒラリーがＴＰＰについて反対の立場をとっていると書くが、彼女の言っていることを読み込むと「3つの条件:賃金上昇、雇用拡大、安全保障に貢献するなら賛成するし、そうでない限りは反対する」と言っている。完全な選挙用レトリックである。選挙中、アメリカ人の関心が高いのは条件のほうである。とりわけ賃金上昇と雇用拡大は重要な争点である。選挙中は3つの条件を声高《こわだか》に叫び、選挙が終わったら、まあそこそこ条件を満たしているので賛成する、と言えるようになっている。

トランプの外交・安保は狂人的にも見えるが、アメリカ人の心には気持ちよく響くところもある。マーケティング調査をやったかのように、アメリカ人の本音と重なっている。トランプの外交・安保における大前提はアメリカの国益のためである。当然、どこの国でも、外交・安保は自国の利益のために行うものだが、あからさまに明言することはない。そして基本は保護主義であり孤立主義であるが、ISISと戦う場合は負担の分担を考える。共通して言えるのは、外交・安保に「損しない」という商売人意識が強く入っていることである

例えば、「中国と日本がアメリカの雇用を破壊している」と保護主義に立ったかと思うと、「アメリカは日本を守るのに日本がアメリカを守ってくれないのは公平ではない」と言い、同盟関係を軽んじて、負担の増加をすべきと示唆する。かと思うと、ISISを破壊するために十分な数の地上軍を送るとこぶしを振り上げる。フランシスコ法王にも「自分が大

統領になればバチカン市国もテロに攻撃される心配はなくなる」と語る。また、メキシコとの間に壁を造ると耳を疑うかのようなことも言う。

だが、どれも、アメリカの国益のためであることは明らかで、かつ損しないという姿勢が明確なので、アメリカ人にとって聞いていて気持ちがいいのだ。「ＩＳＩＳを破壊するために十分な地上軍を送る」と言いながら数を明言しなかったので聞いたところ、マスコミは2万人から3万人だという。

今やアメリカは大規模な地上軍を送る国ではない。だが、現地を知る軍人や役人は大規模な地上軍の投入が不可欠だと進言している。そして、驚くことに、２０１４年あたりまでは世論調査で地上軍を送ることに反対だと答える人がほとんどだったが、２０１５年に入ってからの調査によると70％前後が地上軍を送ることも致し方ないと考えている。ＩＳＩＳのテロの恐怖に飽き飽きし、ひと思いに解決してほしい、という意見が大勢を占めるようになった。トランプが知能犯なのか、それともたまたまセンスが世論と合致したのかはわからないが、十分な地上軍をＩＳＩＳに派遣するという政治家は、他にはマケインぐらいである。

トランプ大統領が登場して、貿易面でもっとも困るアジアの国は日本と韓国ではないかと思う。トランプはアメリカの仕事が海外移転することを一番嫌う。中国は敵でもあるが、おいしいところもある。日本と韓国にはない大市場が中国にはあるので輸出先として有望だ。トランプタワーをどんどん建設するという考えもないわけではないだろう。

トランプ大統領が実現すれば、日本だけではなくすべての国、同盟国は青ざめるであろう。ビジネスマンであるトランプにとって、アメリカがマイナス勘定になることは許せない。日米同盟にかかっているコストを分析し、日本に貢献させる分野を大幅に増やしてくるだろう。あまりに経済的に合わないと、同盟はいらないと言い出す可能性すらある。

また、ISISにたいする武力行使の容認は、国土安全保障のためであり、国際社会で役割を果たすためではない。結果的には他国も利益を得るのだから、費用をアメリカだけが持つとは考えないだろう。ISISが破滅すれば、日本の国益にも合うという理由で、日本にもISISの壊滅作戦への協力が要請される可能性もある。ISIS掃討のために武力攻撃の拡大を口にする米英の専門家は、日本にも貢献を求めている。

今や、国際政治における右と左の違いは、武力行使の温度差ではなく、一緒に行くことを望むかどうかである。または、関係したくないという理由で孤立主義になるかなのである。

メキシコに関する発言と労働ビザについての発言を聞くと、国土安全保障を恥ずかしげもないレベルで大事にすることから、不法移民に限らず、アメリカへの入国は厳しくなると思われる。

最近アメリカが力を入れるハーグ条約（国家間の児童連れ去り防止条約）やイスラムの女性問題に興味があるかどうかはまったくわからないが、興味がなさそうな気配である。

トランプが国際政治のパンドラの箱を開けてしまったので、世界はあわてている。

トランプが大統領になったら日本への影響は

トランプが誕生したらどうなるだろうか。

大変なことになると、誰もが思っている。外交・安保と経済の専門家はもとより、各国から派遣されている大使たちも真剣に心配している。外国にとってトランプ大統領が登場するか否かは、もはや死活問題である。

雑誌「エコノミスト」の調査部門は3月中旬、トランプ大統領の誕生をトップ10のグローバル・リスクとして評価した。そこには、トランプが大統領になると貿易戦争が始まり、メキシコとの貿易は大打撃を受け、テロリストがリクルートしやすくなると書かれていた。

トランプ大統領の誕生は世界の安全保障とグローバル経済に大打撃を与えることになる。

トランプ大統領誕生への準備が必要なことは、もはや世界の常識になっている。

トランプの発言はよく変わるが、国内と国外の立ち位置だけは変わらず明白だ。アメリカ人には飴、外国には鞭である。国内の雇用をひっ迫させる貿易には反対であり、安保については国土安全保障がもっとも重要だとするが、アメリカのためになるであろうアジアの繁栄と平和にはほとんど興味がない。

では、トランプ大統領になると日本にはどんな影響があるのだろうか。

ワシントンポストが、トランプ誕生を心配する国の1つとして日本をあげるほど、日本の立場は深刻だ。

日米同盟の意味合いも大きく変わることになる。日米同盟が結ばれた初期は、ソ連と中国の拡張をアジアで食い止めることに加えて、日本が二度と第二次世界大戦のような戦争を起こさないようにすることが目的だった。その後の冷戦期は、仲間である日本をソ連や中国という共産国家から守るためであった。そして冷戦終結後は、アジアの平和と繁栄が目的になった。アジアの平和と繁栄はアメリカの国益としてとらえられていたのだ。

だがトランプは、アメリカの国益になるという日米安保の前提を疑問視しているようだ。「ただ乗りは許さない、守って欲しかったら金を出せ」という立場である。安全保障を議論する際には、まずは安全であるための「抑止力」が重要である。ところがトランプの頭は、「アジアの平和」はアメリカのためになるのだから、アメリカもそれなりの負担をして日米同盟を維持しよう、という発想にはならないのだろう。トランプが重要視するのはビジネスの視点である。日米同盟を費用対効果で考え、アメリカにどれだけの利益があるか、ないとしてもせめて、トントンでなければならない。

トランプは、「アメリカに守って欲しければ、それなりのことをしろ」という態度で日本に臨んでくるだろう。トランプ大統領が「それなら日本が有事の際には日本のために戦うよ」と満足する内容とはなにかを考えると、ビジネスマンのトランプであることから、ばく大な負担金の増額ではないかと思う。

だが、負担金を増額したからといって、例えば尖閣諸島で有事が起きた際に、トランプのアメリカは日本のために戦うだろうか。守ってやると言われても信じていいものなのだろうか、という懸念は抱かざるをえない。

そうなると、日本は日米同盟に頼っていた部分を減らし、「独力」の部分を増やしていくという方向に向かわざるをえないだろう。

しかし、トランプ大統領になったからといって、米軍が日本から撤退することはないだろう。日本は駐留米軍にたいしてかなりの負担金を支払っているので、アメリカの雇用に貢献していないわけではない。アメリカ人の雇用を第一義にするトランプにとって、この雇用を維持することは大切なことのように思われる。

また、トランプは、日本の国際貢献をさらに強く求めてくるようになるだろう。

例えば、地上軍を十分に送ってＩＳＩＳを壊滅させると言っているが、この場合、ＩＳＩＳが壊滅して利益がある国に何らかの貢献を求めるはずだ。資金提供、軍事的協力などあらゆることが要求されることになる。

トランプが大統領になった場合、とにもかくにも、日本独自の安全保障の能力を上げることが必要になってくる。

アメリカが「世界の警察ではない」ことは、もはやアメリカの常識である。「アジアの繁栄と平和」がアメリカの国益にどれくらい結びつくかを測るなかで、日米同盟にたいする重要度が変わってくる。冷戦時代はそこにアメリカの国益が無条件にあった。そしてまだ冷戦が終わったかどうか不安な時代も、アメリカの国益がそこにあることは共通意識だった。だが、イスラム武装集団が最大の敵となり、アメリカの国土が狙われるようになった今、アジアの平和はアメリカの国益につながると言っている余裕がなくなってきている。アジアの繁栄と平和への重要度が相対的に落ちていることが、アメリカの傾向である。アメリカの国土安全保障が外国の安全保障よりも圧倒的に比重が高い時代になったのである。

トランプが大統領になると、こうした傾向が顕著に現れるだろうが、これはアメリカの長期的な流れでもある。ヒラリー大統領が誕生した場合は、4年間または8年間のモラトリアムを手に入れられるにすぎない。トランプ的なものの考え方、つまりトランプイズムはアメリカ外交の潮流となって今後も続いていく。そうなると、トランプ大統領が誕生しなくても、日本は独自に安全保障の力を向上させていくことが必須課題になる。

次に経済である。

トランプの立場は一貫して保護主義である。自由貿易はアメリカの雇用を奪っていると主張し、ＮＡＦＴＡ（the North American Free Trade Agreement）については見直しまたは破棄とする構えである。さらに広範囲な自由貿易となるＴＰＰには、もちろん入らない。

トランプはしばしば中国、日本、メキシコを名指しして、自由貿易の恩恵を受けてアメリカの雇用を奪っていると批判している。

トランプはビジネスに自信があるだけに、「俺が交渉したほうがいいに決まっている」との発言を繰り返していることから、貿易協定が見直されることは必至である。中国についてもトランプタワーやトランプゴルフ場ができれば、景気も雇用も良くなると語っている。まさに、成り上がりのワンマン社長の放言に聞こえるが、大統領になる可能性が出てきただけに、無視できない発言だ。

日本にたいしては、１９８０年代の日本のイメージを持ったままであると言われているが、その視点で日米貿易交渉を再開してくる可能性もある。

トランプにはアドバイザーの姿が見えない。もし、アドバイザーを置いたとしてもそれほど話を聞くとも思えない。実際、国際政治についてアドバイザーの有無を聞かれた際、「今色々な話を聞いて、政策をつくっている」と繰り返しながら、「俺はセンスがいいから最終的には俺が判断する」と豪語している。

アドバイザーが、「あなたのビジネスも自由貿易のおかげで成り立っています。今の日本は1980年の日本とは違い、日本企業はアメリカで会社を立ち上げアメリカの雇用にも貢献しています。中国でのトランプタワーの建築はあなたの会社のためになりますが、アメリカと中国のためになるとの説明ができません」と進言しても、聞く耳を持つかどうかは疑問である。

通常、ワシントンの大使館は次期大統領に対応するために、コネクションづくりを始めるが、トランプにたいしては、どうしていいのかわからない状態だ。ワシントンポストは複数の大使にインタビューして、その困惑を伝えている。トランプと側近は無理だとしても、通常は、コネクションをさぐり、政策アドバイザーに話を聞くことは可能だ。政策の方向性をまず知りたい。だが、トランプにはアドバイザーの姿が見えない。誰が長官になるかもまったく予測不能だ。

日本は貿易について難癖をつけられる可能性がある。貿易交渉にあたる政府だけではなく、グローバル企業にとっても深刻だ。アメリカの雇用と税金に貢献することをさらに求められ可能性が高い。よくある手だが、外国製品に対する課税強化、グローバル企業への課税強化、アメリカから外国に企業を移す場合の課税強化、ドルを外国に移す場合の課税強化、アメリカに会社を置く企業が外国と取引する場合の課税強化などが考えられる政策である。

アドバイザーがいないだけに、今トランプの考え方を知るには、どんな発言をするかを注意深く聞くしかない。この現状に鑑みると、トランプ大統領が誕生した場合、トランプ政権の動向を知る唯一のチャネルは、省庁に働く役人たちということになる。トランプ政権への準備として今できることは、アメリカの役人とのチャネルづくりという間接的な方法しかないのかもしれない。

前述したように、トランプは、アメリカ人の本音の箱を開けてしまった。しかも興味深いことに、トランプ的国益第一主義は、これからのアメリカの中枢になるミレニアル世代の考え方と重なるところがある。ミレニアル世代については5章でとりあげるが、特徴の1つは「私中心」なのである。となると、トランプ大統領が誕生しなくても、アメリカにはその考え方が残ることになる。誰が大統領になろうとも、トランプイズムの視点を常に考えなければならない時代が到来したのである。

とにかく、大統領選でのトランプの発言、そしてその発言にたいして支持率がどのように連動するかが、私たち日本人が今もっとも注視すべきことである。

第3章

アメリカはマイノリティの国になった

人種的マイノリティ、女性マイノリティ、
社会の多様化と較差是正

きっかけはオバマ大統領の誕生

今回の大統領選挙のキーワードは？と聞かれたら、「マイノリティ」と答えるだろう。

アメリカは白いバラの花束に真紅のバラとピンクのバラが10本に1、2本混じる花束から、白いバラが半分で、残りの半分は真紅やピンク、黄色、オレンジなどの色とりどりの花が入り混じる花束になりつつある。

アメリカでは、白人が圧倒的多数派を占める国から、黒人、ヒスパニック、アジア系などマイノリティの合計が多数派の国になるカウントダウンが始まっている。そのために、アメリカはあたかも崩壊していくかのように混乱している。トランプ人気の原点は、その反動である。多数派から少数派に陥る不満がトランプに向かわせているだけに、その支持は熱狂的である。

時代の流れが変わったターニング・ポイントの年は、オバマ大統領が誕生した2008年である。この年は人口統計でもいずれの世代論から見てもターニング・ポイントになっている。

アメリカではだいたい40年ごとに、社会の空気を支配する政党が代わってきた。そして世代論は、80年ごとに違う国になってしまったと思えるほど大きな変化が起き、偉大なる大統領が登場してきたとしている。約80年前は第1次世界大戦と大恐慌を体験し、第2次世界大戦を勝利に導くフランクリン・ルーズベルト大統領が誕生した。ちょうどこのとき、第1次世界大戦で疲弊したヨーロッパからの移民が増えていた。その前は、リンカーン大統領である。リンカーン大統領が南北戦争に勝利し、奴隷の解放を行ったことはあまりにも有名だ。

2008年はまさに凄まじい変化が起きる年で、そのとおり、黒人の血を引く初の大統領が生まれた。オバマ大統領は就任後、すぐにノーベル平和賞を受賞した。つまり、黒人の血を引く大統領が誕生したことは、アメリカの負の歴史を終わらせたと同時に、世界に希望を与えた。実際に、黒人大統領の出現は非常に難しいことだった。

アメリカのテレビ番組や映画は時代の空気を政治に先取りして伝える。当時の映画を観ると、1998年に公開された「ディープ・インパクト」で初めて黒人の大統領が登場し、名優モーガン・フリーマンが演じた。人種差別の国で知られた南アフリカに黒人のネルソン・マンデラ大統領が誕生したのは1994年、その影響もあったのかもしれない。

そしてテレビドラマでは2001年11月、ドラマ「24」の2代目として黒人大統領が誕生した。オバマ大統領の登場に先駆け、映画にはたびたび黒人大統領が登場するようになっていたのである。

黒人の占める人口比率が10％強、白人が70％を超える状況で黒人大統領が実際に誕生するのは簡単なことではない。アメリカは有史以来、白人が大統領を務め、1人を除いて全員がプロテスタントだ。その唯一の非プロテスタントとは、黒人に公民権を認めたジョン・F・ケネディ大統領だ。アイルランド出身のカソリック教徒である。アイリッシュ系アメリカ人に聞くと、ケネディ大統領が誕生するまで、アイリッシュは政府の要職に就けなかったそうだ。同じ白人のクリスチャンであっても、プロテスタントとカソリックとの間には、目に見えないが、確実に実在する壁があったのである。

いつかは黒人の大統領が生まれることは誰もが信じていた。それにしても実際に生まれたことは、奇跡のような出来事と言えた。

このとき、オバマ大統領の誕生自体が建国の精神に反すると感じた人もいたはずだ。アメリカ社会に大きな影響を与えた黒人の指導者キング牧師やマルコムXは暗殺された。2000年、コーリン・パウエル元国務長官は大統領選への出馬を考えたといわれるが、家族が暗殺を怖れ、出馬することはなかった。2008年11月、オバマが大統領に当選した夜、大統領受諾演説を行うオバマ大統領と、一緒に登場したミシェル夫人と娘のサーシャとマリアは、今まで見たことがないほど厚い大きな防弾ガラスで守られていた。

黒人は白人に比べて圧倒的に少数派であっても、常に2番目に多い地位にいたが、

2010年にはヒスパニック系に少数派1位の地位を奪われた。ヒスパニック系は今後もますます増加する。2008年という年は、まだ黒人が少数派1位だったので、今振り返ると、黒人の大統領が生まれる最大のチャンスだったのかもしれない。

人気TVドラマも多様化が進む

根強い差別はあるが、プライムタイムのテレビドラマを見ていると、アメリカ人の価値観はかなり変化していることがわかる。多様化するアメリカの空気をテレビ界は敏感にかぎ取っているようだ。

1990年代までテレビドラマは白人用ドラマと黒人用ドラマに分かれていた。高視聴率を稼いだ「セックス・アンド・ザ・シティ」では4人の主要登場人物が白人だし、彼女たち4人の恋愛の相手も常に白人だった。

日本でも大人気を博した「ビバリーヒルズ・シリーズ」(1990〜2000年)では、メインキャラクターは数回入れ替わったが、すべて白人だった。白人以外で登場したのは、10年間出演していたイアンが結婚する日系アメリカ人。また、子供が産めないことが判明したブランダ・ウォルシュが結婚して中国から養子をもらっている。「ビバリーヒルズ高校白書/青春」が放映されていた時代は、日本経済が世界第2位で日本への興味が高かったこともあり、実際は中国系の女優が演じているが、日系という設定だった。中国からアメリカへの養子縁組も、中国で1人っ子政策がとられるようになってから激増している。白人夫婦がアジア系の女の子を連れている様子は、ワシントンではよく目にする光景である。

2008年に始まった「新ビバリーヒルズ・シリーズ」は、カンザスから引っ越してきたウィルソン家の2人の高校生が中心で、そのうちの1人はアフリカ系の養子だ。ブラッド・ピットとアンジェリーナ・ジョリーの夫妻は子供6人の大家族だが、そのうち3人はアジアとアフリカからの養子である。

1994年から2004年まで放映されたニューヨークのシングル生活を満喫する仲良し6人組の人気ドラマ「フレンズ」も、中心の6人が白人。基本的にそのグループ内で恋愛をしており、グループ以外の人と恋愛するときも、相手はほとんど白人だった。だが、2000年をまたぐあたりから、主要登場人物ロスの結婚相手がレズビアンだったり、フィービーが代理母になるなど、多様化する価値が取り入れられるようになった。

1997年に始まった、ボストンの弁護士事務所を舞台とする「アリー・マイ・ラブ」になると、レギュラー出演者の事情が少し異なってくる。アリーの親友はアフリカ系アメリカ人で、弁護士事務所にはアジア系の女性も弁護士として働いていた。2011年から

2013年まで続いた「Happy Endings」ではさらに多様化が進む。シカゴに住む6人が主要登場人物で、その中には、黒人夫と白人妻の夫婦、そしてゲイの男性が入っていた。プライムタイムの6人の主役が繰り広げるドラマに白人と黒人が同じ立場で一緒に出演した例は、私が見たなかではこれが初めてだった。

ヒラリーの新選挙戦略——私はマイノリティの代表だ

ヒラリーはサンダースに追われながらも、確実に民主党の指名を得る戦いを重ねている。2008年のオバマ大統領に敗れたときとは異なり、ヒラリーの支持者はオバマ大統領を支持したマイノリティが中心だ。CBSニュースによるとオハイオ州の予備選挙では、ヒラリーはオバマ大統領の支持者の73%の票をまとめ、サンダースに流れたのは26%に過ぎなかった。

サンダースにたいして勝利の余裕が出る結果となったミニ・スーパー・チューズデー（3月15日）で、ヒラリーは本選挙では常に激戦地となるフロリダ州で勝利演説を行い、オバマ大統領を讃えた。そして「私たちの権利である、市民権、投票権、働く権利、女性の権利、LGBTの権利、体の不自由な人の権利を守りましょう。オバマ大統領が最高裁の判事を指名する際には、これらの権利を守るために立ち上がりましょう。そして、私たちの次の大統領はこれらの戦いを続けていくのです」と、私こそがオバマ大統領の取り組みを踏襲すると宣言した。ヒラリーが挙げた権利はすべて、マイノリティが戦い、獲得してきた権利である。ヒラリーは、マイノリティの立場に立った大統領になると演説したのだ。

前回の選挙では、男女に関係なく私は大統領になる資質がある、という立ち位置だった。ヒラリーは、2008年の選挙からの8年間で、アメリカがマイノリティの社会、つまり多様化した社会になることを嗅ぎ取っていたのである。

ヒラリーが変化していることは、前回と今回の立候補宣言のビデオを見ると明らかだ。前回のビデオでのヒラリーは自信満々、実際に上から目線で、立候補宣言をしていた。とりわけ、右腕をソファーに乗せる動きは、かなり威張っているイメージだった。頭の良さに自信があることを前面に出し、「政策を、私と議論しましょう」と語っている。ヒラリーは、一般的な中流家庭で育ち、普通の人々の気持ちがわかることをアピールしようとした。しかし、その場所は、中流階級というよりは、アメリカン・ドリームのリビング・ルームだ。ヒラリーはこのとき、「女性にも大統領の資質がある」と訴えた。

一方今回は、「女性初の大統領」というセールス・ポイントに変化はないものの、その意味合いが大きく異なる。ヒラリーは、政治的弱者、つまりマイノリティである女性として、マイノリティを代表する大統領になる、と立候補宣言したのである。

今回の立候補ビデオを見ると、ヒラリーは最後に少し登場するだけだ。まず、さまざまなアメリカ人が登場し、それぞれが抱える問題を語る。そして、最後にヒラリーが登場し、「普通のアメリカ人のために戦う大統領になりたい」と宣言するのである。ヒラリーは、郊外の庭の前に立ち、穏やかな風情で、にこやかに語る。このビデオには、まったく「上から目線」のイメージはない。それどころか、ビデオに登場する普通のアメリカ人は、どちらかというとマイノリティ、つまり政治的弱者と呼ばれる人たちだ。就職先を探す若いアジア人女性、赤ちゃんが生まれそうな黒人夫婦、ビジネスを始めたばかりのヒスパニックの兄弟、同性のカップルたちが登場している。前回とはまるで違う。

黒人の次は女性の大統領

今回の大統領選挙を戦うヒラリーを見ると、今までで一番美しいと思う。

2008年大統領選挙の際のヒラリーはビル・クリントン大統領を伴い、人気のある大統領を夫に持つ妻という立場を利用して選挙戦を戦っていた。ところが、今回の大統領選挙が始まったときは「どこにビルはいるの?」という記事が書かれるほど、選挙運動の会場に現れることはなかった。

人気のあったビル・クリントン大統領の妻から、ヒラリー・ロダム・クリントンという

1人の女性へと自立したのだ。

第1次オバマ政権で国務長官になると、その仕事ぶりは大きく支持された。国務長官時代の好感度は、人気もあるが嫌われることも多いヒラリーにとっては、異例とも言える高さであった。

ヒラリーが国務長官のときには、その傍らに夫クリントンの姿を見ることはほとんどなかった。ヒラリーが、頭脳明晰《めいせき》で優秀な女性であることは、誰もが認めるところだ。しかし、彼女の政治的キャリアは、夫クリントンあってのものだった。上院議員に初めて当選したときは、ファースト・レディの立場で選挙戦を戦った。そして2008年の大統領選挙では、夫クリントンは最大の選挙参謀と言われ、人気があったクリントン大統領の妻という立場を利用した選挙戦であった。

しかし、オバマ大統領がヒラリーを国務長官に指名したのは、夫とはまったく関係ない。ライバルであったヒラリーを認めて指名したのである。ヒラリーは、これ以降、夫クリントンから自立し、数の上では多数派だけれども、政治的弱者、つまりマイノリティに甘んじてきた「女性」というアイデンティティの確立に向かうのである。

国務長官に指名された当時、国務省では「そのうち、ビル・クリントンの執務室ができるはず」というジョークがあった。しかし、夫はまったく登場しなかった。そして、今回の選挙でも、夫クリントンの姿はあまり目立たない。ヒラリーは、チーフ・スタッフの女性フマ・アベディンを伴い、選挙運動をしている。ニュースをコメディに仕立てる番組が、夫クリントンの姿が見えないことをギャグにしているほどだ。

選挙運動も様変わりしている。前回は飛行機とヘリコプターで移動し、すでに大統領のような降る舞いであった。今回はバンに乗って移動している。途中のガソリン・スタンドやコーヒー・ショップで町の人々と会話をしている。

女性問題をマイノリティの問題に

女性問題をマイノリティ問題に組み込んだのはオバマ大統領である。オバマ大統領が女性はマイノリティであると気づかせたと言ってもよいのではないかと思う。

アメリカの歴史博物館に行くと、黒人の歴史と並んで必ず女性の歴史の展示がある。そこには、女性がどれだけ苦労して投票権と被選挙権を獲得したかの歴史が展示してある。ミシガン州のゼネラル・モーターズの博物館では、展示してある等身大の女性人形を見て吐き気を催した。公民権のために闘った女性たちが、口にじょうろを入れられて、水攻め拷問を受けている姿などだった。黒人の権利の闘いのすさまじさと女性の権利の闘いはある意味同種のものであることに、私は初めてそこで気がついた。女性は数の上では多数派であり、とりわけ白人の女性は自分がマイノリティであるという意識はなかったと思う。女性問題は女性問題でしかなく、マイノリティ問題の一部にあたることに気がついていなかったのだろう。

考えてみれば、数年前まで女性の多くは専業主婦であった。夫がよくなれば自分もよくなるというふうに夫と同化していたと思う。だから、夫が投票する政党に自分も入れれば、それでよかったのだ。

しかし今は多くの主婦が共働きで職場に出て働いている。職場では女性は明らかにマイノリティになる。だから今という時代は、女性が初めてマイノリティになった時代と言うこともできる。

アメリカの女性の進出は日本よりは進んでいるが、男性に比べるとかなり不公平な扱いを受けている。2009年、オバマ大統領はそこにメスを入れた。同じ職種の場合は、性別、人種、宗教などの違いによって、賃金を変えてはいけないという法律（Lilly Ledbetter Fair Pay Restoration Act）をつくったのである。

オバマが登場するまでは、そうした差別は普通のことであった。つまり、女性は数の上ではマジョリティ、多数派だが、社会的地位はマイノリティ、少数派に属する。

そうしたなかで、女性たちは差別の改善の声を挙げるようになった。「ハンガー・ゲーム」で一躍トップ女優になったジェニファー・ローレンスは、ソニー・ピクチャーから流出したメール情報で、「アメリカン・ハッスル」出演時の出演料が共演者よりも低かったことを知って声を挙げ、パトリシア・グリヌフも、恋人役で出演するアイアン・マン役の男優の出演料は信じられないほどの高額であることを明かしている。また、出演を決める際に、監督からセクハラに遭ったことを公言する女優も出てきた。2016年のアカデミー賞は白人優位であることが批判されたが、ハリウッドでは女優もまたしかり、まだまだマイノリティ差別が深い場所のようだ。

オバマ政権になってから、強固な「ガラスの天井」にもひびや隙間が入るようになった。女性の社会進出が日本に比べると格段に進むアメリカでも、働く女性はキャリアを積んでいくと、「ガラスの天井」にぶち当たる。

「ガラスの天井」とは、女性がいくら頑張っても、能力があっても、組織のトップになることを阻む「見えない障害」があるという意味で、女性の社会進出が本格的に始まった1980年代に使われ始めた言葉だ。

アメリカでは、女性の大統領も副大統領もいまだ生まれていないし、トップ500の企業で、女性が社長に就いている会社は5％にも届いていない。また、ホワイトハウスの職員の男女比率はほぼ同数に達したが、男性職員の平均年収が7万ドル台なのにたいし、女性職員は6万ドル台とほぼ1万ドルの差があるとの調査結果が発表されている。

しかし、まさに「今」という時代のアメリカでは、この「ガラスの天井」を打ち破ろうとする女性が、同時多発的に登場している。

その1人目が、もっとも厚くて堅い「ガラスの天井」をたたき続けるヒラリー・クリントンである。2013年1月に行われたフィラデルフィア女性会議で、ヒラリーは、「私たち女性の最大の課題は、ガラスの天井を壊すことです」と7000人の参加者の前で演説した。

ビジネスの分野にも、「ガラスの天井」を大きく突き破る女性が登場した。2014年1月、メアリ・バーラがゼネラル・モーターズの社長に就任した。アメリカの誇りであり、男性社会の牙城ともいえる自動車産業の社長に、社内からのたたき上げの女性が就任したことは、アメリカでも大きなニュースとなった。

2016年1月に行われた一般教書演説では、バーラは特等席に招待され、オバマ大統領が演説の冒頭で彼女を紹介し、大きな拍手を浴びた。

また、2013年10月、FRBでもジャネット・イエレンが初の女性議長に就任した。そういえば、キャロライン・ケネディも初めての女性日本大使である。

2008年、フェイスブックのナンバー2、COOに就任したシェリル・サンドバーグは、「ガラスの天井」を破る解決策を率直に語り、その著書はベストセラーになった。サンドバーグの挑戦は、男性社会への挑戦であると同時に、ガラスの天井に慣らされ、それを受け入れている女性たちとの闘いでもあると強調している。

1970年代から高揚したフェミニズム運動は、女性にとってはまさに闘いであった。それは女性のファッションにも表れた。第一線で働く女性たちは、男性スーツをスカート版にしたテーラード・スーツを勝負服として身にまとい、男性社会と対峙したのである。そのさまは時として、「ああいうふうにはなりたくない」と女性からも敬遠されることがあったほど突っ張っていたものである。

天井を突き破らんとする最近の女性たちは、戦術を変え、ソフトで自然体だ。きれいな色の柔らかいファッションも増えている。サンドバーグの本のカバー写真は、白いニットを着て頰杖をついた優しい笑顔だ。まるで、奥様本のような表紙とも言える。闘うフェミニズム時代を生き抜いてきたヒラリーのファッションも、大統領の椅子に近づくほどに、ソフトに洗練されてきた。

天井を破らんとする女性たちは、若い女性たちが「こうなりたい」と思うロールモデルをめざし、かつ自然体で、男性社会の中で闘い、そして実績を上げるようになった。

ミシェルがつくる新しいファースト・レディのかたち

最近のミシェル・オバマ夫人を見るにつけ、バラク・オバマ大統領の最大の能力は、女性を見る目ではないかと思ってしまう。

ミシェル夫人は、夫に負けない業績をつくっている。ファースト・レディのイメージをつくり変えている。ミシェル夫人は、これまでのどのファースト・レディとも異なる21世紀型ファースト・レディ像をつくっている。

ミシェル夫人は、ダンスの腕前を披露し、それがかなりの話題になっている。それも社交ダンスではなく、ヒップ・ホップ調のダンスである。これを見て、「ファースト・レディとして品がなさすぎる」という非難の声も聞こえるが、圧倒的に賛美されている。

なにしろ、50歳を超えて完ぺきなスタイルを保ち、まるでモデルのような出で立ちに加えて、プロ・ダンサー顔負けのリズム感と切れのある動きなのだ。もし、万が一、ファースト・レディだと気づかずに遠目で見ていたら、芸能人と思うこと間違いなしの高レベルなのである。

ミシェル夫人は、もちろん、ただダンスを踊っているのではなく、彼女が進める子供たちの肥満撲滅作戦を広げるために踊っているのだ。ダンスを踊りながら、SNSに

Gimmie Fiveというハッシュタグをつけて、健康のために5つの約束を書き込みましょう、とメッセージを送っている。

ミシェル夫人が最初にこのダンスを披露したのはアカデミー映画賞の司会で有名な「エレン・デジェネレス・ショー」である。エレンはミシェルに「私のほうがシェープしているけど、あなたのほうが練習しているでしょう」と、2人とも身体を鍛えていることをほのめかした。2014年11月に発売されて以来、大流行している「アップタウン・ファンク（Uptown Funk）」のアレンジで、2人にダンサーズが加わって踊ると、スタジオは大いに盛り上がっていた。ミシェル夫人はホワイトハウスのイースター・イベントの特設会場でもこのダンスを披露し、大喝采を浴びていた。ちなみにこの曲は、ハワイ出身のブルーノ・マースが、おしゃれして黒人と踊るテンポのよいラップの曲だ。歌詞もかなりファンキーで、ホワイトハウスとか首相官邸で踊るイメージではない。「女の子たちよ、消防車が必要なくらいホットな俺と土曜日の夜は遊ぼうよ」という意味の歌である。

ミシェルのダンスは、これだけではない。この肥満撲滅作戦5周年として、「トゥナイト・ショー」で、ジミー・ファァロンと一緒にエボルーション・オブ・マムというダンスを披露した。ミシェルは、ロック、ヒップ・ホップ、ズンバ（ZUMBA）と切れのよいダンスを見せつけていた。

ミシェル夫人がダンスを踊るいずれの映像もユー・チューブに投稿され、人気動画になっている。

大統領夫人がファースト・レディとして最初に脚光を浴びるのは、大統領就任式の夜の就任パーティで大統領夫妻が踊る「ファースト・ダンス」である。このときに着るガウンと呼ばれるイブニング・ドレスは博物館に飾られる。翌日の朝刊は、就任式特集で、そこに掲載される写真の中に必ず、大統領とファースト・レディが踊るシーンがある。アメリカではソーシャル・ダンスは必要な技術である。だが、ファースト・ダンスは写真撮影のための伝統そのままにチークダンスである。ファースト・レディがダンスを踊る姿を見るのはこれまでファースト・ダンスぐらいだったのである。

楽しく踊って、カロリー消費を自ら見せながら自分の政策を宣伝するミシェル夫人。まさにこれは、今までのところミシェル夫人にしかできない手法である。

過去のファースト・レディ・スタイルとの決別はこれだけではない。服装の選び方にも表れている。

ナンシー・レーガン夫人以来、ファースト・レディ御用達のデザイナーは、アメリカ・ファッション界の巨匠であるオスカー・デラレンタであった。だがミシェルは、一度もオスカー・デラレンタを着ることはなかった。

ミシェルが選ぶドレスの基準は2つあるようだ。1つは、まだそれほど有名ではない新進のアメリカ人デザイナー、2つ目は、外交相手国とゆかりのあるデザイナーである。

安倍晋三首相が国賓として訪米した際には、数日前からワシントンDCで話題になっていたことがあった。それは、ミシェル夫人がホワイトハウスで行われる国賓晩餐会でどんな洋服を着るのか、ということである。ミシェル夫人のファッションの影響力は、最近のどのファースト・レディとも比べものにならないほど大きいだけではなく、メッセージ性があるからだ。

結局、ミシェル夫人はロサンゼルスで活躍するタダシ・ショウジの青紫のドレスを着た。2011年の韓国の国賓晩餐会では韓国系アメリカ人ドーリ・チュンのドレス。2009年インドのときは、インド系アメリカ人ナムエ・カーンがデザインしたドレスを着て友好を示していた。ファッションの国、フランスでの晩餐会のときは、NYのデザイナーを着て対抗するという技を使うこともある。

ミシェル夫人は、訪日したときも日本にゆかりのある洋服を選んでいた。皇居を訪問したときには日の丸の色に合わせたと思われる白地に赤い模様のツーピースを着ていた。

国内イベントでは、ミシェル夫人はマリア・ピント、ジェイソン・ウーといった新進デザイナーのドレスを着ている。ミシェル夫人は、ダンスでもその装いでも、アメリカの多様性を表現しているのである。

ミシェル夫人の装いは、議論を呼ぶこともある。サウジアラビアのアブドラ王の弔問に訪れた際、ミシェル夫人はイスラム教の女性がかぶるブルカをかぶらなかった。郷にいっては郷に従えという意見もあったが、アメリカ国内では文句は大きくならず、イスラム圏でもっとも女性が軽視されていると言われる国へのミシェル夫人の挑戦はそれなりの支持を得ていた。

建国の価値を逆転させたマイノリティ大統領

大統領就任式では、大統領は聖書に手を置いて宣誓する。そして、大統領の演説は常に「神のご加護を」という言葉で終わる。自由の国アメリカにとって、キリスト教は建国以来、関係が深い。

大西洋の荒波を越えてアメリカ大陸に渡ったメイフラワー号には、腐敗するヨーロッパのキリスト教に嫌気がさし、理想のキリスト教国家を夢見る人々が数多く乗っていた。

1768年にアメリカが独立戦争に勝利し、大英帝国からの独立を勝ち取った際には、彼らは理想国家の建設を夢に描いていた。ヨーロッパの国々が絶対君主制を敷いていた時代に、独立国家アメリカが王族を置かない民主主義国家を建国したことからも、建国の父たちの覚悟の深さがうかがえる。

アメリカの歴史は、ヨーロッパ、そして日本、中国、韓国といったアジアの国々と比べても新しいということになるが、歴史を現代の視点、つまり「民主主義」という物差しで見ると、もっとも古い歴史を持つ国ということになる。

フランスの政治学者アレクシ・ド・トクヴィルが1835年から40年にかけて『アメリカのデモクラシー』を発表したように、すでにこのときには、アメリカはヨーロッパ人を感嘆させる政治・経済・社会システムをつくり上げていた。そして1900年代にはマックス・ウェーバーがアメリカを訪れた後、『プロテスタンティズムの倫理と資本主義の精神』を著し、プロテスタンティズムの「非合理な合理性」が資本主義の発展に寄与したと書いている。

民主主義という近代の政治体制の視点で見るともっとも古い歴史を持つ国であるということにアメリカ人は誇りを持ち、「アメリカ建国の精神」を非常に重要視している。

「建国の精神」をまとめると次のようになる。

それは、自由な国づくりのために大西洋を渡ったヨーロッパ系の移民たちが創った国、つまりワスプ（WASP）と呼ばれる白人プロテスタントを主流とするキリスト教の国であること、アメリカの荒野で身を守るための銃をシンボルとする自主自立の精神にあふれた国であること、そして民主主義国家としてもっとも古い歴史を持つ国であること、この3つだ。これらはアメリカの三種の神器とも言える政治的基盤である。

アメリカ国民はこの3つの価値を、独立戦争以前のメイフラワー号到着以降ずっと持ち続けてきた。「建国の精神」はアメリカ国民の心の拠り所として生き続けてきたのである。

しかし、400年近い時を経て、この金科玉条の価値に変容が起きている。オバマ大統領は、キリスト教の価値と自主自立の精神に変化を及ぼしているのだ。

オバマ大統領が、マイノリティの大統領だからそれができるのかというと、それだけではない。やはり、マイノリティの大統領が生まれるほど、マイノリティの種類も数も増え多様化が進んでいることが一番の理由である。

アメリカの「建国の精神」は、「憲法」としてあらわれ、建国の父たちが全員アングロサクソンで、プロテスタントの白人だったので、独特のその価値は憲法にも入り込んでいる。まさにそれが、キリスト教的精神と自主自立の精神なのである。

従来のキリスト教の価値では、同性婚と中絶は認められない。そして女性の地位の問題もある。

今までであれば、同性婚と中絶については、認めない立場の共和党に票が流れていたが、今や賛成する民主党に票が流れるようになった。同性婚は最高裁も認める判決を出したので、アメリカは公式に同性婚を認める国になった。

妊娠中絶薬の保険適用についても、今までは赤ちゃんの生命、つまり「プロ・ライフ」の立場で反対多数であったが、今では、女性の選択の権利として賛成する人が多い。女性の立場については前述したように、女性たちは今、新しい視点で声を挙げ闘い始めている。戦後の1970年代のフェミニズム運動を第1次フェミニズム運動とするならば、現在は格差をなくすための第2次格差廃止運動の時代である。

クリスチャンと女性問題の関係について、アメリカで気づき驚いたことがある。厳格にキリスト教を信仰する人が多い南部では専業主婦が多い。農地が広がる地域なので仕事の関係かと思っていたら、実はそれだけではなかった。妻を交換してそれぞれの家庭の問題点について気づかせ改善する「妻交換」というかなりびっくりする名前のリアリティ・ショーのテレビ番組がある。リアリティ・ショー好きの私は見られる限りは必ず見ていた。あるとき、こんな言葉を聞いて飛び上がるほどびっくりした。

「女はオトコを手伝うために存在しているんだ。聖書ではそうなっている」と、普段なんでも妻にさせていた夫が、お手伝いしてもらうのが当たり前と思っている交換妻に注意され、大激怒して叫んだのである。私には、この発言は「ピー」と入るレベルのものに聞こえるが、ピーは、なし。アメリカのテレビでは許される発言だったのだ。このときから、女性問題はマイノリティの問題であるだけではなく、かつ価値の問題であることを思い知らされた。

次は、自主自立の精神である。

国民皆保険であるオバマケアはこの精神に違反すると主張する人がいる。第1期クリントン政権のファースト・レディ、ヒラリーのアジェンダが国民皆保険であった。しかし当時は、共和党だけではなく民主党にも「建国の精神」に反すると考える人が多く、賛同者を集めることができなかった。この取り組みをあきらめたときからクリントン大統領の人気はうなぎ上りに上がっていく。国民皆保険は、20年前の90年代は人気がなかった。

ティ・パーティはオバマケアの議論のときに組織された。名前からもわかるようにボストン茶会事件から名前が付けられている。まさに、オバマ・ケアは「建国の精神」とは異なると結束し反対したのである。

今も共和党がオバマケアの撤廃を目論《もくろ》むのは、まさに「建国の精神」を巡る戦いだからである。経済格差是正のためのフード・スタンプの拡大や、マイノリティへの住宅優遇などは、自由市場を脅かすだけではなく自主自立に反すると批判する。経済格差の是正は、マイノリティのための政策であると言える。マイノリティという概念がない時代の「建国の精神」を重んじる共和党にとって、オバマ大統領の取り組みは耐え難いものなのである。

マイノリティになりたかったジェブ・ブッシュ

ブッシュ家の次男ジェブ・ブッシュが立候補宣言したとき、日本ではジェブ・ブッシュが共和党の指名を受け、ゆくゆくは大統領になると思った人が多かった。

もし、あなたが、ジェブ・ブッシュは強いと思ったら、オバマ政権以前のアメリカの価値でこの選挙を見ていたことになると思う。

ジェブは、2008年以前の価値でいけば、本命中の本命である。その場合でも、2つのマイナス要素はあった。父と兄が大統領をしているので「また、ブッシュ家？」と思われること、しかも兄はイランとアフガニスタンの2つの戦争を開始し、2つとも泥沼化し、政権末期は惨めな支持率だった。

そのことはジェブにもわかっていて、勝算があると思わなかったので立候補をためらっていた。にもかかわらず出馬に踏み切ったのは、ブッシュ家のジェブではなく、ヒスパニックというアイデンティティを持ったジェブとして立候補すれば勝機があると読んだからだろう。

ジェブは、育ったブッシュ家とは距離を置き、コルンバとつくってきた家庭で新しいアイデンティティを確立しようとしている。それを証明するかのように、ジェブは、間違ったとはいえ2009年の選挙登録でヒスパニックとして登録していた。しかも、ブッシュ家が信仰するプロテスタントから妻が信仰するカソリックに改宗している。

ジェブは自分がマイノリティのアイデンティティを持つことは時代の要請にかなうと考えたのだろう。ヒスパニックのアイデンティティは、立候補演説でも際立っていた。演説の前に流れる音楽はヒスパニック系の音楽で統一され、場所は、ヒスパニック系の学生が多いマイアミ・デーダ大学。アメリカ人とメキシコ人のハーフの息子は流暢なスペイン語で挨拶していた。

もしジェブが大統領になれば、移民に優しく、かつ父と兄のように強いアメリカを模索することになるだろうと期待された。

ジェブは、知事時代に力を入れた教育に強いことと、ワシントン政治に毒されていないことが売りになり、資金集めでも先行できると考えたのだろう。ブッシュ家の名誉回復を望むブッシュ家のパトロングループは、ジェブが立候補宣言するや惜しみない寄付を始めた。

しかしジェブは早々と大統領選の晴れ舞台から降りてしまうことになった。2016年2月20日夜、サウスカロライナでの予備選の開票率がまだ50%の段階で、支持者の集まるホテルに姿を現したジェブはこう語った。「私は有権者の決定を尊重する。今夜、選挙運動を中止する。大統領選に出馬する機会を与えてもらったことに感謝する」。

だが、ジェブは予備選挙の前半でまったく勝利できないだけではなく2位にもなれず、早々に選挙から撤退した。

ジェブが波に乗れなかった最大の理由は、すべてが時代遅れだったことである。

ワシントンのインサイダーの間では、ジェブは10年も政治の現場から離れているから政治的センスが古い、との内緒話はあった。確かにそのとおりで、なんと国際問題についての最大のアドバイザーは兄である、とテレビ・インタビューで明言したのだ。反発があると容易に考えられるにもかかわらず、「兄ほど中東情勢に詳しい人はいない」と答えたのである。

父も兄も、大統領を退くときは、幸せではなかった。自慢の息子と言われた弟は何とか自分がブッシュ家の負の連鎖を断ち切って名誉回復したい、と思っているように見えてならない。兄弟はライバルになり良好な関係は難しいと言われるが、2人は年の差が8歳だ。8歳違うと、子供のときには兄に対してライバルという意識はなく、大好きなお兄ちゃんだったのだろうが、それにしても政治センスがない。

しかも、ジェブはテレビ討論会で気の利いたことが言えないどころか、目立つ発言をすることもまったくなかった。とりわけ、最初のテレビ討論会のときは、ブッシュ家の出来の良いほうの息子がどれほどの討論スキルを見せるのかと、全米中が見守っていた。だが1回目も2回目もまったく目立つことなく終わってしまった。もし、ここで「さすがジェブ」という討論を見せていたら、結果は大きく違っていただろう。父のときも兄の選挙のときも、そして自分の最後の選挙のときも、まだテレビ討論会は本選挙ぐらいでSNSもなかった。ジェブは政治がリアリティ・ショーになっていることに気が付いていなかった。

ジェブの撤退は、資金力の強さと選挙の強さが、まったく連動しない時代に入ったことを知らしめた。オバマ大統領が誕生し、今回の選挙でも民主党のサンダースが泡沫ではなく予想外の戦いを見せていることは、大型資金提供者がいなくても、本人に魅力さえあれば勝ち抜ける時代に入ったことを見せている。

乱立する共和党の候補者も実はマイノリティ

2008年以降、共和党も多様性に向かって変化している。それは、今度の候補者の多様性から見て取れる。

2012年の共和党の大統領候補はモルモン教のミット・ロムニーで、副大統領候補になったポール・ライアンはカソリックであった。

2016年に立候補した面々はまさに多様化していた。

3月まで残った4人のうち2人はヒスパニックの血を引く。メキシコ人とのハーフのクルーズ、キューバからの移民の2世であるルビオだ。ケーシックはカソリックだ。トランプはWASPだが、一度も議員にも首長にもなったことがないことは候補者としてはマイノリティである。また、彼の妻はスロベニア出身で労働ビザでアメリカに来た。

神経外科医のベン・カーソンは黒人、ヒューレード・パッカードのCEOだったカーリー・フィオリーナは女性、ニュージャージー州の人気知事クリス・クリスティはイタリア系でカソリックだ。

共和党は保守という思想を大事にするように、「建国の歴史」や「憲法」を非常に重要視する。そのため、とりわけ、最大の多数派である白人男性から支持を集める政党である。その党の候補者のほとんどがWASPではなく、マイノリティの要素を持つということは、アメリカの歴史から見るとかなりの事件である。

白人率が圧倒的多数ではなくなりつつある現在では、カソリックも白人ならば白人グループとして識別されるようになっている。ケネディ大統領が誕生するまではかなりひどい差別がまかり通っていたがもはや、誰もプロテスタントとカソリックの区別をしない時代に入っている。

その様子は、多くの映画に表れている。アンジェリーナ・ジョリーが映画化した実話である「不屈の男　アンブロークン」は、子供時代の主人公が、イタリアからの移民であることで不合理ないじめを受けていた。あまりに有名で書くことも憚《はばか》られるが、不朽の名作「ゴッドファーザー」はイタリア移民がマフィアになっていくのはアメリカ社会で生き残るための道であることを描いていた。また、ピューリッツア賞を受賞した小説『アンジェラの灰』はアイルランド系が仕事を見つけるのが難しい様子から始まっている。カソリックの白人がマイノリティとしていかに差別を受けていたかを描いた小説や映画は枚挙にいとまがないほど多くあった。

民主党は、女性のヒラリーとユダヤ系のサンダースである。女性も初めての大統領だが、ユダヤ系も初めてである。イスラエルの成り立ちと、現在の世界情勢を考えると、女性よりもユダヤ系のほうが難しい気もする。

多様性社会と経済格差の是正はセット

徹退したルビオは「トランプが登場したのはオバマ大統領のせいだ」と非難し、オバマ大統領は共和党がトランプを誕生させたと応酬した。

これはどちらも正しいが、その背景は多様化した時代への変化である。多様化したというと聞こえがいいが、多様化した社会ではそれぞれのグループ間の格差の是正が必要になる。大小の差はあっても、圧倒的なメジャーが存在しないマイノリティの集合体がアメリカのこれからの形なのである。

今回の選挙で経済格差の是正が争点になっているのは、まさにアメリカの多様化の道が進んでいることを表している。格差の是正というと、貧富の差の是正を思い浮かべるだろう。だが、今のアメリカで言われる格差の是正は、富裕層と低所得層の格差の是正だけではない。白人と黒人の格差の是正だけでもない。アメリカにはさまざまな人種、宗教、性別が存在し、かつ体の不自由な人もいる。その間の格差をすべて埋めていかなければならないのだ。

オバマ大統領は格差の是正に際し、フード・スタンプの拡充、国民皆保険の導入、教育ローンと住宅ローンの免除といった結果の平等に重きを置いてきた。

共和党支持者の自主自立を旨とする白人の中には、オバマ大統領の取り組みに怒りを感じ、人種差別とも思われる発言を繰り返すトランプに活路を見出す人もいる。日本では、オバマ大統領に能力がないため不満がくすぶり、その不満がトランプ人気につながっていると理解されているようだが、現状は少し違う。国民皆保険を導入し同性婚を認めるなどオバマ大統領がマイノリティの社会に移行するための取り組みを成功させているので、ヒラリーはそれを踏襲すると言って選挙を戦っている。オバマ大統領が多様化に向けて駒を着々と進めていることにたいする怒りと、共和党が何の有効策も出せないことへの失望がトランプ人気に向かわせている。トランプは、詳細を語らず意見もコロコロ変わるところがあるが、経済政策と社会政策については、他の共和党の候補者に比べると穏健派、つまりマイノリティに優しい。強硬なのは移民政策と貿易政策である。つまり、国内には優しく、外国に厳しい。

多様化が進めば進むほど、それぞれのグループ間の格差の是正を望む声は大きくなる。そのため、マイノリティの視点での政策づくりは、今後ますます重要になる。共和党にとっては、多様性社会に向けた取り組みができるかどうかが今後の課題になる。

〝オバマは弱い大統領ではない〟

私が3年ぶりに帰国して感じたことが、日本人のオバマ大統領への評価である。「レームダック」は、ことオバマに関するかぎり弱い大統領を意味しない。それどころか、レームダックと呼ばれる2期目に入って業績を上げつつあるのだ。

実は、レームダック期というのは、大統領にとっては、何事にも惑わされず、信念に基づいて政治ができる唯一無二の特別な時なのである。

2期目の大統領にとってのレームダックというのは、選挙を考えずに、自らが信ずることに突き進める最初で最後の期間なのだ。この視点が、日本では見逃されている。

というのも、ここ50年間で2期目を満了した大統領は、ジョージ・W・ブッシュ（息子）大統領、ビル・クリントン大統領、そしてレーガン大統領の3人しかいないからだ。

クリントン大統領の2期目は不適切な関係が問題になったモニカ・ルインスキー事件で弾劾され、レームダックを享受することはできなかった。しかもファースト・レディのヒラリーはニューヨーク州の上院議員に立候補していたので、選挙は無視できない。

レーガン大統領はすでにアルツハイマーに冒され、それどころではなかった。そしてジョージ・W・ブッシュ大統領は、２００８年のリーマン・ショックと、出口が見えないアフガン戦争とイラク戦争のため、近年稀に見る人気のない大統領となっていた。

そこにいくとオバマ大統領は、いろいろ批判されながらも、今なお50％以上の支持率を維持し、それどころか伸ばしている。

繰り返すが、オバマ大統領は、ここ数年で特筆すべき業績を上げている。「オバマケア」と呼ばれる国民皆保険制度の導入は、まさに国の役割定義を根本的に変えてしまった。

オバマ大統領の登場でアメリカという国は違う国になった。だが、違う国になったことに共和党も民主党もうろたえ、漂流しているというのが実態だ。

社会・経済政策については前章でも述べたが、オバマ大統領は外交・安保でも大きな取り組みをしている。

イランとキューバとの国交正常化対話の再開は、約50年間維持されてきたアメリカの外交方針の大転換である。また、オバマの進めるＴＰＰは、近来例を見ないほど大きな枠組みの貿易交渉だ。

ここまで業績を上げれば、一方で、反対する側の声が大きくなるのは当たり前ともいえる。

興味深いことにオバマ大統領は、1期目は民主党の考えに沿った政策を実行し達成している。多大な予算を注入した景気回復法、そして国民皆保険だ。民主党は一丸となってオバマ大統領を支えていた。

深く観察すると、オバマ大統領は2期目に入り、夫婦そろって、自分たちにしかできないことをやり切る、という姿勢を明確に打ち出してきている。ＴＰＰに代表されるように、身内の民主党にも賛否両論がある政策に、敢然と取り組むようになった。イランとキューバとの対話再開も2期目に入ってからだ。ミシェル夫人も2期目に入ってから、批判を怖れることなく、人気音楽に乗ってノリノリにダンスをして、肥満防止の啓蒙活動を行っている。ファースト・レディがＴシャツとパンツ姿でＭＴＶのトップの曲を背景にダンスするなど、今までの常識ではありえない。

つまり、1期目は再選を考えた政策を遂行し、2期目は所属する民主党内に賛否両論が存在しようがかまうことなく、どうしてもやりたい政策に真正面からあたっているように見える。

大統領選挙が本格化するにつれて、アメリカのメディアは、オバマ大統領のニュースよりも大統領選挙のニュースのほうを大きく扱うようになる。オバマ大統領は2期目の大統領が狙うとされるノーベル平和賞もすでに手にしている。そこで、残された時間で何を成し遂げようとするのか、非常に興味深い。

さらに、オバマ大統領の「最強レームダック伝説」を支えるもう1つの事情もある。それは、今秋の大統領選挙に向けて、引退を決めた連邦議員にもこれからレームダック期間が訪れることだ。引退を決めた議員も2期目の大統領と事情は同じで、選挙を考える必要がないので、支持母体の立場を気にせずに、この期間だけは自己の信念に基づいた政治を行うようになる。そのため、ロビー団体やアドボカシー（政策提言）団体は、引退議員の投票行動に今まで以上に敏感になっている。民主党のリーダーであるハリー・リード上院議員や、カリフォルニア選出の女性上院議員バーバラ・ボクサー、共和党ではダン・コーツがすでに引退を表明している。なじみ深いところでは、ジョン・マケインも引退するのではないかと見られている。

2014年の中間選挙以降、TPPに必要なTPA（貿易促進権限）を獲得する際には、大統領のレームダックがうまく作用したことが表れている。日本に限らずアメリカでも、TPPに必要なTPAをアメリカ議会はオバマ大統領に付与しないという見方が支配的だった。だが、中間選挙が終わって半年がたち、レームダックと言われる期間に入ると、議会はTPA付与に舵を切った。報道を見て驚いた人も多かっただろう。

議会の多数派である共和党が、中間選挙以後、立場を大きく変えたのだ。以前は、オバマ大統領の業績を増やすことになるので、自由貿易信者であるはずの共和党であるにもかかわらず、「オバマ大統領のやり方が気に入らない」という理由でTPAに反対していた。それが、オバマ大統領の手法を批判することから卒業し、「自由貿易」という信念に立ち返ったのである。

一方民主党は、もはやオバマ大統領の応援演説よりも支持母体の引き締めのほうが大事なので、最大の支持母体である労働組合の立場を重視し、TPAに反対する議員が増えていた。

日本に目を移そう。日本では、レームダックの大統領と関係を深める必要はないという風潮があるようだ。

もし仮に、レームダックの大統領の力が弱かったとしても、残された時間はまだ長く、その考えは短絡すぎるのではないか。新しい大統領が誕生するまでには、まだ1年余の時間がある。最長2期8年とされるアメリカ大統領にとっては1年余という時間は、任期のほぼ5分の1の時間にあたり、けっして少ない時間ではない。しかも、オバマ大統領はまだ若いし、次に黒人大統領が現れるまでは唯一無二の黒人の血を引く大統領である。さらに、前述したようにオバマ大統領は近年稀に見るほどの業績を上げている大統領でもある。オバマ大統領が、任期を終えた後も、アメリカにとって特別な大統領であることは確実である。

さらに、メールスキャンダルで多少失速傾向にあったヒラリー・クリントンだが、民主党であることはマイナスにはなっていない。2008年大統領選挙のときは、人気のないブッシュ大統領が所属する共和党が勝利するとの予測はほとんどなかった。オバマ大統領に本当に人気がないなら、同じ民主党の候補者が世論調査で先頭を走ることはなかっただろう。

また今度の大統領選挙で共和党候補が当選したとしても、二大政党制のアメリカでは、いつかはまた、民主党の大統領が誕生する。そうなれば、まだ若いオバマ政権の経験者たちが、民主党の大物になっていく。

対アメリカ政策においては常に、民主党と共和党の政権交代に惑わされないバランスがとれた関係の構築が必要になる。

次の大統領選挙で共和党が勝利したとしても、歴史的に見ると今年かもしれないし、長くても12年後までには民主党が大統領をとる。とにかく民主党が大統領をとれば、オバマ政権の高官だけではなく、今若手と呼ばれるスタッフが民主党の中心になっていく。

日本は歴史的に、民主党の大統領の人脈につながることが難しかった。民主党はそれほど海外に関心がなかったからだ。だが、レームダックの「今こそ」チャンスなのである。政権の人々も次のチャンスを探し始めている。レームダックは、大統領にとっても議員にとっても、そして日本にとっても、チャンスの宝庫という一面を持っている。

第4章

漂流するアメリカ
——オバマ大統領が変えたアメリカのかたち

国土安全保証と「役割」のはざまで
共和党も民主党も壊れている

厭戦感が支配するアメリカ

さて次は、外交政策である。オバマ政権になってからアメリカの安全保障が未知の世界に入ってしまったように見えるだろう。今度の大統領選では、国土安全保障が中心で世界の安全保障の議論は出てこない。

アメリカ社会は2008年を境にすっかり変わってしまった。アメリカの変化を顕在化させたのは、まぎれもなくオバマ大統領だ。そして大きな変化の1つはできるだけ軍事力を使いたくないという「平和ボケ」にも見える外交政策だ。

オバマ大統領は「2つの戦争は終わった」と宣言したが、アフガニスタンとイラクにたいする現実的な出口政策が見えない。アメリカ市民は「戦争」という言葉に飽き飽きし、現在のアメリカは「厭戦感」に支配されている。

ロシアのクリミア併合にたいしても、イスラム国を名乗る残虐な武装集団による支配地域の拡大にたいしても、アメリカが関わろうとしない背景は「厭戦感」で説明されている。「War Fatigue」を直訳すると「厭戦感」であり、何が何でも武力行使は避けたいとでもいうようなアメリカ大統領の発言は、憲法第9条を理由に戦闘地域への自衛隊の派遣を見送ってきた日本と酷似する。

オバマ大統領は2013年に「アメリカは世界の警察ではない」と宣言したと思ったら、翌年の一般教書演説では「私たちの息子や娘を終わりが見えない泥沼の戦いに送ることは絶対にしない」と約束した。

さらにオバマ大統領は、2014年にハーグで行われたオランド仏首相との共同記者会見で、ロシアのクリミア併合について聞かれた際に、「ニューヨークに核爆弾が落とされないようにすることがもっとも大事だ」と明言してしまった。

アメリカ合衆国大統領が、世界の安全保障に言及しないどころか、それよりも、アメリカの国土安全保障のほうが大事だと世界に宣言したのである。国際政治は、本音と建前があって成り立つ世界である。アメリカにとって国内の安全がもっとも重要なのは当然であるが、アメリカは大国として「それを言ったらおしまい」という姿勢で国際政治に臨んできたはずである。しかし、オバマ大統領は、アメリカの「大国」という錦の御旗を降ろし、アメリカが一番大事であると宣言してしまったのである。

その衝撃は、冷戦崩壊以後の国際社会の均衡を崩壊させた。ロシアはウクライナを併合し、イラクとシリアは混迷し、その混迷に乗じてイスラム国を名乗る武装集団が残酷な手法で占領地を拡大している。アフリカの武装集団ボコ・ハラムはナイジェリアで残虐な行為を続けている。中国もここぞとばかりに、防空識別圏を設定し、東シナ海と南シナ海での領海拡大にいそしんでいる。それにたいし、アメリカからは、武力をもってでも問題を解決するという意気込みは感じられない。

一方、アメリカは同盟国にたいしては、期待するものが大きくなった。従来は、アメリカが「姉妹」という言葉を上につけるイギリス以外の「枕詞なしの同盟国」は将棋の歩のような存在であった。だが駒を進め〝ト金〟に成ることを望むようになったのである。

2014年4月、オバマ大統領は日本を訪問した際に「尖閣は日米安保第5条の適用範囲にある」と明言し、大きなニュースになった。しかしこの発言の後オバマは、「だから、そんな状態にはならないように」と安倍首相にくぎを刺したのだが、これはニュースにならなかった。「まかせておけ」という冷戦時代のアメリカの頼もしい姿はもはやどこにもなく、尖閣諸島を狙う中国との武力衝突は避けたいという本音が透けて見える。

さはさりながら、アメリカ大統領が「適用範囲内」と約束した意味は大きい。尖閣諸島周辺海域で中国の船が領海侵犯するようになってから、日本政府は国務次官補やヒラリー・クリントン国務長官（当時）からも言質《げんち》をとっていたが、大統領の公式発言となると意味が異なる。日本外交の勝利とも言える言葉を引き出したのである。

しかしオバマ大統領の意図は、同盟国日本を安心させることではなく、中国の領海拡大にたいする抑止力としての言葉である。言葉を「抑止力」として使ったのだ。日米同盟において抑止力という言葉は、攻撃しても反撃されて負けると思わせる軍事力を準備することであった。冷戦時代は、敵と味方がはっきりしていたので、軍事力の備えさえあれば「抑止力」は充分だったのだ。しかし冷戦が崩壊し、各国のつながりが複雑に交錯する現在は、軍事力は使わないだろうという前提があるだけに、その備えだけでは、「抑止力」として充分でなくなったのである。

オバマのコミュニティ主義

ワシントンのシンクタンクで行われる国際政治に関するフォーラムに出席した際、「アメリカは孤立主義に戻ろうとしているのか」という議論の光景をしばしば目にした。同盟国の役割を強化し、有事の際に軍事力を発動するのかどうかを疑問視せざるをえないアメリカなら、「孤立主義」という言葉で表現したくもなるだろう。しかし、アメリカの国際政治関係者は一様に「アメリカは国際社会で大きな役割を担う準備ができている」と口をそろえ、「孤立主義」という言葉を徹頭徹尾否定する。オバマ大統領も「21世紀のアメリカには、孤立主義という選択肢はない」と断言している。

確かに、オバマ大統領は孤立主義に向かっているわけではない。TPPやFTAといった自由貿易協定にも積極的である。極めつけは、「ならず者」と非難したキューバ、イランとの対話を開始したことである。軍事政権を理由に国交を断っていたミャンマーとも国交を回復している。

また、前述したように、軍事力以外の抑止力を利用することで同盟国との関係強化も図っている。

オバマ大統領は、コミュニティ主義者と呼ばれることからわかるように新しい政治概念を持っている。コミュニティ主義者は、コミュニティをとおして問題解決を行うという考えを基本に持っている。オバマ大統領は、国際社会にもコミュニティをつくることで国際問題の解決を目指そうとしている。つまり、世界の安全保障を軍事力に頼ることなく、みんなで仲良くなれば、それが抑止力になり、紛争がない平和状態がもたらされるということである。

これは、どこかで聞いたことがあるような理論構築である。戦後の日本は、徹底的な厭戦感から揉めることなく人と仲良くつきあい社会を構築することを目指し、最悪の想定をすることとすら悪いことであるかのような空気に包まれていた。つまり巨大なる厭戦感が、悪者が登場する想定をつくることとすら阻んでいた。１９７０年ごろからＣＭで流れていた日本モーターボート協会の笹川良一の「地球は一家、人類は皆兄弟」と「一日一善」という標語は、当時の日本の空気をうまく表現していた。

湾岸戦争という有事の際には、平和ボケと自虐せざるをえない状況になったが、平時であれば「お人好し」と表現され、愛される存在になる。実際、日本は世界を相手に善行を施してきた。もっとも好きな国ランキングやもっとも信頼できる国ランキングで日本が多くの国からトップ・グループに選ばれるのは、まさしく「平和ボケ」から得られた業績である。

しかし、日本を含めてアメリカの同盟国は、アメリカが日本のように軍事力は絶対に使いませんと「平和ボケ」しているかのような発言に戸惑っている。抑止力と言えば核の傘であり、スターウォーズ構想と言われるミサイル防衛だったはずだ。

ここで外交政策にたいする1つの質問が浮かぶ。「平和ボケ」の傾向は、一過性のものなのか、それともオバマ大統領の時代が終わっても続くのか。

2016年の大統領選を見る限り今後もこの傾向が続くことになる。それが答えだ。なぜなら「ミレニアル」と呼ばれる若い世代がこれからますます主流になっていくからだ。この世代が世界をフラット化している主体である。ソーシャル・メディアはこの世代が生み、この世代が使い、今や世界を席捲する。オバマ大統領のコミュニティ主義の理念とソーシャル・メディアのコンセプトは、ほぼ同じと言えるほどだ。コミュニティ主義をテクノロジー化したものがソーシャル・メディアである。

ただ、現在のアメリカには、湾岸戦争時の日本のように「置いてきぼり」にされるという危機感を持つ必要もなければ、アメリカでは「平和ボケ」という認識もない。必要なことをやっているというだけだろう。しかも国土が今までとは比べものにならないほど危険になっているので、国土安全保障のほうが圧倒的に関心事である。

しかし、大統領が武力行使を極力避けたいというメッセージを世界に発信し、軍事力以外で抑止力を上げようとする姿は、「平和ボケ」と受け止めたくなる。同盟国が抑止力を破られたとき、果たしてアメリカは軍事力を発動して守ってくれるのかと不安になる。自国で化学兵器を使っていたら武力行使すると警告していたシリアにたいしても武力行使はしなかったし、ロシアからクリミアを取り返す行動を起こすこともなくそのままになっている。残虐極まりないイスラム武装グループにたいしても撲滅に向けた姿勢は見られない。過激派グループの根城になり得るイラクとアフガニスタンでの戦争は終わったと宣言し、アメリカ軍の引き上げを宣言する。

アメリカは軍事力を使わないと高をくくった国とグループは、アメリカなどの抑止力を突破しようとしているように見受けられる。抑止力が役に立たなかった場合の想定が甘いのではないかと懸念を抱かせるだけで、すでにアメリカは平和ボケ状態にあると言えるだろう。オバマ大統領以前のアメリカでは、抑止力といえば、軍事力の強化だった。

技術の発展に伴う抑止力強化を「平和ボケ」と呼ぶ気はまったくないが、それと同時に、「軍事力は使いたくない」というメッセージを世界に発信することは、日本の「平和ボケ」と重なってしまうのである。

対テロ作戦に軍事力は効果がない

にわかに信じられない話だが、アメリカは、対テロとの戦いにおいては、地上戦を含む大規模な軍事作戦は効果がないと思っている。少なくとも2015年1月に起きたパリ連続テロ事件、そして日本人人質の斬首、ヨルダン軍パイロットの焼殺事件、さらにはアメリカ人女性の人質が亡くなった後にも、その態度には変化がなかった。

2015年1月パリ。風刺雑誌シャルリー・エブド襲撃から始まる一連のテロが起き、世界中が衝撃を受けた。その事件を受けてフランスのパリでは、テロ行為に対する非難と犠牲者鎮魂のデモ行進が行われ、フランスのオランド首相、ドイツのメルケル首相、イギリスのキャメロン首相、イスラエルのネタニヤフ首相ら全世界のリーダーが集まり、フランスは報復すると宣言した。

一方、アメリカは静観の構えだった。

数日後、オバマ政権の考えを示すコラムがワシントンポストに掲載された。同紙のコラムニストは、武装集団にたいして戦争をしかけるかのようなフランスの対応は間違っているとし、アメリカの成功例を紹介した。アメリカも9・11連続テロ事件が起きたときは、強硬に対応した。首謀者とされるオサマ・ビンラディンと彼が率いる武装集団アル・カイダを壊滅させることを目的にアフガニスタンで武力を行使し、イラクにたいしては大量破壊兵器の保有を理由に侵攻を開始した。

しかし、某コラムニストが、ホワイトハウス、省庁、議会の関係者にインタビューを行ったところ、対テロに関しては、軍事力に頼るやり方は効果がなく、地域の犯罪者の取締り強化の手法が効果を上げているという。

湾岸戦争、アフガニスタン戦争、イラク戦争が残した禍根は、イスラム原理主義の武装集団がより強大な力を持つに至ったことだとアメリカはとらえている。そこで、アメーバのように変幻自在に増殖し、自爆テロを繰り返すテロ集団に対しては、国同士の正規戦ではないということから、以下の3つが重要なポイントになると考えているようだ。

1つ目は、イスラム武装集団はアメリカの声に反感を覚えることはあっても共感することはないので、同胞のイスラム国家が先頭に立って声を挙げてもらうようにすること。つまり、アメリカは対テロにおいては先頭に立たないということである。

2つ目は、地域コミュニティの連携である。町のイスラム教のリーダーと警察が他地域のコミュニティと連携して、互いにテロにたいする情報交換をして未然に阻止するということである。これは、通常の町の治安維持と同じ手法である。実際にこの手法は功を奏している。デンバーからイスラム国グループの支配地域へ飛ぼうとした3人の女子高校生はイギリスの空港で拘束された。

3つ目は、テロリストに関するデータベースの作成である。アメリカは「飛行禁止リスト」というテロリストのデータベースをつくっている。前述したパリのシャルリー・エブドへのテロを起こした二人の兄弟の情報も、このデータベースに入っていた。

アメリカは先頭に立って、同盟国とのテロ関連のデータベースの構築とその情報共有を模索している。2015年2月、ホワイトハウスと国務省は、関係国を集めてワシントンDCでテロ対応についての会議を行った。その会議で中心になった議題は、「連携：コラボレーション」と「情報共有：シェア」である。軍事力によるイスラム国の壊滅がテーマではなく、地域における警察と各コミュニティのリーダーとの連携、地方政府と連邦政府との連携、そして国と国との連携がテーマだった。

オバマ政権下で国防長官を務めたレオン・パネッタは「フランスの失敗は、情報網の構築の失敗だ」とインタビューに答えていた。同時に、野党の共和党が支配する連邦議会も、

「オバマ大統領はフランスの事件を受けて戦争に突入すべきではない」との声明を発表した。つまり、軍事力に訴えるのではなく、まずやれることをやるというのが、オバマ政権だけではなく野党の共和党も含めたアメリカの総意なのである。

効果が上がらないから軍事行動を避けるというアメリカ。日本とは理由付けが大きく異なるが、軍事行動を避けたいという思いは一致している。

しかし、世界一の軍事力と経済力を持つアメリカ合衆国である。お節介なときもあるが、正義の味方のカウボーイだったはずだ。第1次世界大戦も第2次世界大戦も、朝鮮戦争もベトナム戦争も湾岸戦争も、アメリカは地理的に遠い国でありながら、「俺が出ていかないと話は終わらない」という意気込みがあったはずである。

それが今は、アメリカ合衆国の大統領が「アメリカは世界の警察ではない」とテレビ演説で言ってしまうかと思えば、今度は合同共同記者会見で「ニューヨークに核爆弾を落とされることが第一の心配」などと、悪びれることなく堂々と言ってしまう国になったのだ。

軍人を戦死させたくない大統領

アメリカの大統領がもっとも恐れていることは、戦死者の数が増えることだと言われている。

朝、執務室の机の上に置かれる最初の書類は前日の戦死者の数であることが知られている。ベトナム戦争で勝利する前に撤退したのは、戦死者の数と戦費の額がアメリカの我慢の限界を超えたからである。

アフガニスタンとイラク戦争を始めたジョージ・W・ブッシュ大統領時代に戦死した兵士の数は575人（アフガニスタンのみ）、一方、オバマ大統領が政権に就いて終戦宣言するまでの間に1500人以上の兵士が命を落としている。オバマ大統領が政権に就いたとき、早期決着のため米軍の派兵規模を増加させたことが一因である。しかし、兵力を増強したにもかかわらずアフガニスタンの治安は収まることなく、命を落とす兵士の数ばかりが増えていった。

9・11同時多発テロ事件以降の戦争でアメリカが学んだことは、アメリカが先頭に立ち、武力で制圧したとしても、その地域がまとまっていない限り、負の連鎖、つまりアメリカにたいする憎悪が残る結果しか生まない、ということだった。このことは、オバマ大統領の姿勢からだけではなく連邦議会、そして世論調査の結果からも見て取れる。

現場を知る軍の関係者は、派遣される兵士の命を守るために増派を主張する。一方、国際政治の関係者は出口戦略がない限り泥沼化するだけだと見る。オバマ大統領の周辺は、増派を望む軍関係者と出口政策が見えないことで増派に反対するグループの2つに分かれていった。

シリアの内乱で化学兵器が使われたら武力行使をすると宣言したにもかかわらず、それが判明したとき、オバマ大統領は躊躇した。いや、「レッドラインを越えたら攻撃する」という言葉を平和ボケの抑止力として使っていたのかもしれない。そう言っておけば抑止力が働き、そうした事態に至らないだろうと。そのため、レッドラインを越えたときの準備ができていなかったのかもしれない。

盟友のイギリスが議会の反対を理由に武力行使を中止したこともあり、オバマ大統領は議会に意見を聞くという決断を下した。この決断は、武力行使を行わないことを意味している。なぜなら、議会も世論も、出口政策が見えないことを理由に武力行使に反対するのが明白だったからである。

オバマ大統領だけではない。アメリカ全体が9・11同時多発テロ以降に学んだことは、今までの戦争の方法では、アメリカ兵士の死という犠牲を払うだけで、アメリカに平和をもたらすことはなく、反対にイスラム武装集団を過激化させるだけだということだった。

通常、ワシントンDCでの安全保障の議論においては、政策と国益が議論されるが、兵士の死について議論されることは少ない。兵士の死は、大統領の決断だけにかかっている。兵士の死に値するだけの価値がある戦争なのか、大統領だけがこの問いを持つのである。

リーダーシップ論では必ず登場するリーダーのジレンマがある。1人が殺されることで多数が助かる場合、その1人の死を受け入れるという決断である。これができなければ、リーダーとしての資質がないということになる。この場合、その1人の人間の生活に目を向けると決断が苦しくなるので、数の論理に注目して決断するのである。

アフガニスタンとイラクとの戦争を始めたジョージ・W・ブッシュ大統領は、戦死した兵士の家族を訪問していた。一方、オバマ大統領は、戦死した兵士の遺体がアメリカ国旗にくるまれた棺《ひつぎ》に納められてアメリカの基地に戻ってくるのを出迎えていた。

オバマもブッシュも、冷戦時代以前の大統領に比べると兵士への思いが深い。ブッシュ大統領は戦争の報告を聞き目に涙をためていたことがあるが、オバマ大統領が感情を見せたことはないと、両方の大統領に国防長官として仕えたロバート・ゲイツは回想している。だが、オバマ大統領は夜中の2時に兵士の亡骸《なきがら》を迎え、そして夜明け前に戻って通常の業務を行っている。このことを報じたニュースには、非情な決断が迫られるコマンダー・イン・チーフとしてはやってはいけないこと、つまり暗黙のタブーを破ったとのニュアンスが滲んでいた。人が良いことで知られるブッシュ大統領ですら、兵士の亡骸と直接向き合うことは避けていたのである。

オバマ大統領はアフガニスタン戦争からの撤退を発表した後、ウエストポイント（West

Point）の陸軍士官学校の卒業式で、「私は兵士の死に囚われている。私は負傷者の姿が頭から離れない。君たちの尊い行為に必ず光を当てる」と語った。

このオバマ大統領の言葉には、アメリカの兵士を無駄死にさせないとの決意が見られる。実は、この決意も、今の若い世代の事情と密接に関係する。1998年に公開され大ヒットした「プライベート・ライアン」という映画を覚えているだろうか。第2次世界大戦のノルマンディの前線が舞台だ。2等兵として従軍するライアン（マット・デイモン）を本国に連れ戻すためにトム・ハンクスら8人の精鋭部隊が前線に送られる。なぜ8人、それも精鋭部隊が送られたかというと、ライアンは4人兄弟の末っ子で3人の兄たちは戦死したからである。残されたただひとりの息子となった彼を、母のもとに返すためであった。この話は史実を脚色したものだが、実際に4人兄弟の3人の兄が同時に戦死し、戦地にいて生き残った末弟は本国に戻されている。

第2次世界大戦のときですら、息子を全員殺してはいけないというルールがアメリカにはあったわけだ。今は、当時に比べると子供の数は少ない。アメリカでも出生率は2人を切っている。子供の数が少なければ可愛がられて育っている。ミレニアル世代の子を持つ親として、オバマ大統領が、親から1人息子と1人娘を奪ってはならないと考えるのはいたって当然のことである。

アメリカの戦争映画では、主人公以外はその人の背景も感情も語られないただの群衆である。ヒーローが助かるためにそれ以外の登場人物は勝利への駒として登場する。例えば、「ダイ・ハード」でも主人公が戦うのは妻を助けるためである。妻を助ける道は過酷で、他の人も助けたいがかなわず、人質の2人が亡くなる。「ダイ・ハード2」では、妻が乗っていない飛行機が墜落し、乗客はすべて亡くなる。

一方、日本の戦争をテーマにした映画では常に、登場する人物すべてが感情を持つ。敗戦国であるからか、兵士を駒として使うリーダーは脇役であることが多い。日本が「平和ボケ」する要因の1つには、大多数を守るために少数を犠牲にするリーダー像を描けなかったこともあるだろう。その結果なのか、日本では『三国志』の登場人物の中で劉備好きが多く、華北を統一した非情な曹操を好きな人はほとんどいない。劉備は質素堅実で皆から愛されたが、戦いの大事な局面で人間の弱さが出てしまった。1人の民を救うために、国を滅ぼしてしまったのである。つまり、愛すべき平和ボケのリーダーなのだ。

今までのアメリカ大統領が曹操を目指してきたのにたいし、オバマ大統領が自分で亡骸を迎えるのを見ると劉備的と言えるかもしれない。

ちなみにアメリカの国際政治の教科書には「三国志」は登場しない。ハーバード大学の国際政治の教科書で知られるジョセフ・ナイ著の『国際紛争　理論と歴史』も、古代ギリシャのペロポネソス戦争から始まっている。将軍として戦争にも参加したトゥキディデスが書いた『戦記』には、敵の敵は味方といったリアリストの指導者しか登場しない。アメリカとヨーロッパの国際政治の理論から見ても、軍隊を「隊」としてではなく軍人個人としてとらえるオバマ大統領の意思決定は、アメリカにはなかったことと言えるかもしれない。この点でも、アメリカは変わったのである。

ドローンでテロリストを殲滅《せんめつ》せよ

ドローンと呼ばれる無人攻撃機が、指名手配のテロリストの居場所を突き止め攻撃する。爆撃手は無人機に搭載されたカメラから送られてくる映像を見てミサイル発射のボタンを押す。

映画のような話だが、現在のアメリカでは現実である。

テロとの戦いは国との戦いではないので、オバマ大統領は殺害リストを作成させ、攻撃を行っている。アフガニスタンやパキスタンでアルカイダとタリバンの首謀者を狙って攻撃が展開されたことは広く知られている。2011年5月、オサマ・ビンラディンを特殊部隊が精巧な作戦のもとに殺害した。特殊部隊を使う作戦は、すべての殺害リストのテロリストに適用できるほど簡単なものではない。そのため、現在は、無人攻撃機を使って標的とするテロリストを攻撃する作戦を展開している。この作戦は「標的攻撃」と呼ばれ、新しい攻撃名称であり、元は2000年代、イスラエルがパレスチナ人に対して使い始めた作戦である。

アメリカでは、9・11同時多発テロ事件を受けて、ジョージ・W・ブッシュ大統領が対テロとの戦いで無人機攻撃を開始した。後継のオバマ大統領は、無人機による攻撃を本格化させた。ブッシュ政権時代の無人機攻撃が52回だったのにたいし、オバマ大統領の指示による無人攻撃は、2015年4月現在、450回を上回っている。

オバマ大統領が、2009年1月の就任式の3日後から無人機による攻撃を本格的に開始しさせていることからも、無人攻撃機に大きな期待を抱いていることがわかる。アメリカ人兵士を死なせないことを是とするオバマ大統領にとって、無人攻撃機を使った作戦は渡りに船であったようだ。また、ブッシュ大統領時代よりも、無人攻撃機の性能が向上したことも理由の1つである。ブッシュ大統領の時代は無人攻撃機で5人殺害した場合、3人は標的のテロリストであるが、2人は普通の市民だったという。それが、オバマ大統領の時代になると、その割合は4対1にまで向上している。

「平和ボケ」するアメリカは、アメリカ軍が危険な目にさらされる戦地にはできるだけ派遣したくないと考える。この考えを前提とすれば、性能を高めることを目指しながら無人攻撃機の利用は拡大していくと考えたほうが自然である。連邦議会の南西に位置する航空博物館には数機の無人攻撃機が展示されており、その周辺には人だかりができ、明らかに人気展示になっている。

戦地でも偵察はグローバル・ホークという名の無人偵察機が主流で、パイロットが乗った飛行機が偵察に行くことはないと言えるほどだ。ノースダコタの空軍基地は、この4年で完全に様相が変わった。2010年あたりまでは、飛行機格納庫は通常の飛行機ばかりだったのだが、今は無人機しかないと言われている。ここで働く1700人全員が無人機の運営に関わっているという報道があるほどだ。

世界的にも無人攻撃機の流れはすでに始まっている。中国も無人機の軍事利用を開始しているとされる。中国が、南シナ海と東シナ海の領土問題の緊張から、軍事用無人機を配備して軍事力強化を狙っているという記事が、アメリカの軍事関係のニュースサイトに登場している。中国は日本に対しても無人機を使う準備をしているが、一応、攻撃能力のないものであるという。

無人機の利用は、確実に拡大すると見られている。2014年には大学に無人機を操作する養成学科がつくられた。飛行機の操縦も必須科目になっており、2015年4月現在、すでに25大学がコースを持っている。

日本でも無人機に関する議論は必要になると思われるので、アメリカでの無人機の議論について紹介しておこう。アメリカでは無人機の利用拡大にあたっては次の3点で注意が必要であるとされている。

1つは、無人攻撃機に関する透明性の問題である。

無人機を使った攻撃は国家安全保障に関わるため、政権は秘密裏に無人攻撃機を使ってきたが、ある程度の透明性は必要ではないかと考えられている。すでに一般市民がワシントンDC地方裁判所に訴え、判決が出ている。国家安全保障に関する情報は公開しなくてもよいことから秘密裏に作戦が行われることは問題なしとされたが、政権はその使用に際して多少の透明性は確保する努力をすべきという文言が加えられた。

2つ目は、アメリカ国内での無人機の使用についてである。現在、オバマ政権は国外のテロリストや犯罪者への攻撃に加えて、国内に潜むテロリストや犯罪者も無人機で攻撃できるとの見解を示している。これにたいし、誤爆が多く罪のない人を巻き込む可能性がある無人攻撃機を国内で使うべきではないという意見がある。

3つ目はプライバシーである。上院の司法委員会ではすでに無人機とプライバシーについての公聴会が行われている。委員長の民主党のパトリック・リーヒーは「彗星のごとく現れたテクノロジーは廉価だが、アメリカ人のプライバシーと自由を恐ろしく侵害する可能性もある」と懸念を表している。

ＣＩＡ長官のデービッド・ペトレイアスが不倫のため辞任に追い込まれたときに、オバマ大統領はその後任に、ホワイトハウスでオサマ・ビンラディン殺害を指揮し、無人攻撃機による標的攻撃を推進していたジョン・ブレナンを指名した。ブレナンは国内での無人攻撃機を使用する標的攻撃についても積極派であったため、共和党のランド・ポール上院議員は信任を遅らせるため、13時間もの間演説を続けた。議会における審議の妨害は、結果として不人気になることが多いが、このときばかりは例外で、無人攻撃機の国内での使用についての懸念はそれなりの共感を呼び、ポール議員は株を上げた。

一方、民間では、無人機の利用は拡大している。農薬散布に加えて、最近では大学のジャーナリズム学科でカメラをつけた無人機を使った新しい取材方法を研究対象とするところも増えてきている。

リクルートはビデオゲーム大会で

首都ワシントンでは、コンベンション・センターで行われるビデオゲーム大会が夏の風物詩になっている。大会会場には、小学生をはじめ、ちょっぴり小太りで度の強そうな眼鏡をかけた典型的なゲームオタクやゲームキャラクターのコスプレ衣装に身を包んだゲーム好きなどで溢れ返っている。

入り口では、赤いネクタイをした10メートル丈ほどの巨大なゴリラが、参加者を迎え入れる。残念ながら私はゲームに疎いので、そのファンキーなゴリラの意味はわからないが、ゴリラが立つ先に、日常ではない空間が広がっていることは明らかで、ディズニーランドのカリブの海賊の入り口をくぐり抜けるような気持ちになってくる。

中に入ると、まず目に入ってくるのは、戦闘機F-16ファルコンだ。軍服姿がやたらと目立ち、砂漠用の巨大なトレーラーの2連結もある。どういうことかと思い、スポンサーの書いてあるボードを探すと、空軍、陸軍、海兵隊、沿岸警備隊といったアメリカ軍の名称が並んでいた。ちなみに、日本の海上保安庁が国土交通省の管轄なのにたいし、アメリカは軍隊のひとつである。

人だかりができている方に目を移すと、コスプレ大会が行われていた。スパイダーマンにバットマン、ダースベーダー、マリオ、美少女戦士セーラームーンに加えて、アメリカでは見慣れない「ゆるキャラ」もいる。

ここは、軍人とアニメオタクが集い、そしてハリウッド映画と日本のゲームとアニメキャラ、先端技術と着ぐるみが共存する空間である。

この空間こそが、今のアメリカの「平和ボケ」化を如実に映し出している。無人攻撃機に代表されるようにハイテク化する軍では、高度な技術を持つゲーマーこそが最強の兵士になるので、軍にとってここは新しい時代の軍人を獲得する場所なのである。

紛争地帯を飛ぶ無人監視機は、コンピューターオタクともいうべき無人機パイロットが、ハンドルやギアではなくマウスで操作している。コンピューターに囲まれた部屋にいる無人機パイロットは数千キロ離れた地域を高度6万フィートから監視し、そして時には攻撃をしかける。そのとき無人機パイロットは、空軍のパイロットとして仕事をしているので、パイロット用のつなぎを着てマウスを操作する。シリコンバレーのコンピューターオタクのようにTシャツとジーンズというわけではない。

コンピューターに囲まれた部屋で、空軍パイロットのつなぎを着てマウスを操作する姿を思い浮かべると、不謹慎だが、コンピューターオタクにとってはコスプレに近いものなのかと思ってしまう。それほど、ビデオゲーム会場にはコスプレ姿と本物の軍人が目立つのである。

コスプレ会場、昔懐かしいインベーダー・ゲームが並ぶ展示区画、パソコンのゲーム会場を突き進んだ一番奥には、「アルファ・コマンド・センター」と名付けられたアメリカ軍運営のシミュレーション体験トレーナーがあった。大型トレーラーが二台連なっている。入るときに女性の軍人からｉＰａｄを渡され、名前やメールを入力し顔写真も登録すると、パイロットの身分証明書が出てきた。

私はアフガニスタン「ブルー・ウィング」の横江隊員としてトレーラーの中に入った。すると、重く強固にした軍事用iPadが手渡され、軍人から「ようこそ」と敬礼された。見た目からも発音からも、彼がインド系であることがわかった。彼はタブレットの使い方を教えてくれた。なんと、そこではアフガニスタンの最前線が体験できるようになっていたのである。

壁には衛星からの写真地図がある。そこにタブレットを合わせると、タブレットとカメラのついた飛行機、そしてミサイルが連動する。

タブレットは飛行機の操縦桿そのもので、両手で持って前を下げると降下し、前を上げると上に上がっていく。左に傾けると左旋回、右に傾けると右旋回する。前から飛んでくるミサイルを避けながら、目標物を攻撃する。私は、何をしているのかよくわからずにやっていたが、規定の1分が過ぎてシミュレーション・ゲームは終了した。作戦の結果が手に持っていたタブレットにあがってきた。「15・57%の作戦が成功した。インド洋沿岸に停泊する空母エンタープライズに帰還せよ」と書いてあった。

壁には、上位者の名前のビルボードもある。私は約1200人中下のほうと表示された。

私にはよくわからないけれど、ゲーマーにとってはおもしろいんだろうなと思いつつ、今度は典型的なアメリカ軍人のイメージのガイド役に「これって本物と近いんですか」と聞いてみたら、「僕は本当のところはわからないが、原理は同じですよ」と教えてくれた。確かに、そのものズバリであったら、安全保障上、最高位の国家機密である。「ビデオゲームみたいだけど、みんな上手なの？」とも聞いてみたら、「こういうのは日本人がうまいでしょう」と返してきた。「私は下手だった」と言ったのだが、それでも日本人はこういうものがうまいと信じきっていた。

ビデオ・ゲーム、コスプレ、アニメの聖地は、日本の秋葉原である。平和ボケ先進国の日本でも秋葉原と自衛隊募集の関係は深い。秋葉原のミリタリーショップで行われた『戦国自衛隊』の発売記念イベントでは、コスプレとしての迷彩服と銃があり、戦地用のドーランをつけることもできた。その一角には、自衛隊員募集のコーナーも設けられていた。また、秋葉原から生まれた人気ユニットのＡＫＢ48は自衛隊の広報に出演している。防衛省のサイトには、ＡＫＢの集合写真と「自衛官の皆様、頑張って下さい」と書いた寄せ書きも掲載されている。

コンピューターオタクが最強兵士として安全保障を担う時代になったのである。

アメリカの映画は、とにかく肉体を鍛え上げた主役が出てくるアクションものが多い。シルベスター・スターローンが元特殊部隊員を演じる「ランボー」、トム・クルーズが不可能を可能にする特殊工作員を演じる「ミッション：インポッシブル」、アーノルド・シュワルツェネッガーの「ターミネーター」や「ブレイブハート」、キアヌ・リーブスの「マトリックス」と挙げればきりがない。

鍛えられた肉体には、鍛えられた精神と柔軟な知性がついてくるというイメージができあがっている。アメリカでは、大学入試にあたって、日本以上に運動ができることが重要視される。しかし最近では、軍人に必要な条件が変化したためか、鍛えられた兵士が1人で悪者をやっつけるという映画は人気がない。私が気が付かないだけなのか、それとも放映されていないのか、と思うほど見ることがない。

それに代わって、アップルの創設者スティーブ・ジョブズの人生を描いた「スティーブ・ジョブズ」やフェイスブックの創設者マーク・ザッカーバーグを描いた「ソーシャル・ネットワーク」が上映されている。今の時代、「ロッキー」や「ランボー」といった、見ていて痛いと感じる映画は人気がないのかもしれない。「ブラックホークスダウン」が凄まじいと言われたのは、米兵が殺されるシーンがあまりにリアルで凄惨だったからである。

こうした背景の変化を考えると、今後、アメリカの若者に地上軍の兵士になることを求めることには無理があり、ハイテク戦争に移行せざるをえない事情があるのかもしれない。

しかし、問題もある。

ゲームの世界は現実ではない。ノースダコタの一室では、自分の体が危険にさらされることはないが、多数の人命を奪うことができる。偵察のみの場合でも、情報を読み間違えれば、空爆をするアメリカ兵、地上軍を送っていれば地上軍を死なせてしまう可能性があるし、作戦の成否にもかかわる。さらに、操作ミスをすれば現地の市民を巻き込んだ大事故になる。

だが、ゲームオタクに戦争をする覚悟ができているかというと、そうではないというのが共通認識だ。そのため、無人機パイロットに対する心のサポートのための体制づくりが急がれているだけでなく、ビデオゲーム大会での軍人募集には批判も出ている。ある日、戦争のコンピューター・ゲームで遊んでいたら、いつしか、ゲームの中身が現実にすり替わっていると想像したら、まさにホラー映画のシナリオである。

無人機パイロットの精神訓練については、明らかに今後の課題である。

ヘリテージ財団が示す4つの「冷戦でない理由」

アメリカが軍事力を使いたがらない最大の理由は、簡単に言うと、冷戦が終わったからである。民主党、共和党を問わず、この認識は共有されている。一方、日本の外交関係者はこの認識が決定的に欠けている。いまだに「冷戦思考」で物事を考えているように思われる。

ロシアがウクライナのクリミア半島を併合したときに、私はこのアメリカの国際政治における論理に気づいた。このとき、ワシントンのいずれのシンクタンクもロシアのウクライナ併合に関するフォーラムを行っていた。

ロシアがクリミア半島を攻撃、併合してすぐに、CSIS・国際戦略問題研究所では、民主党と共和党の大統領の安全保障担当補佐官を務めた国際政治の生き字引といえる大御所、ズビグニュー・ブレジンスキーとブレント・スコウクロフトを登場させ、「ロシアについて」と題したフォーラムを行った。CSISによると記録的な参加者が集まり、ロシアは、冷戦が終わって四半世紀が経つ今もワシントンでの最大の関心国であることが証明された。会場の後方にはテレビカメラが隙間なく並び、会場はドアが閉まらないくらいの聴衆で埋まった。

ここでのポイントは3つ。1つ目は、オバマ政権は何をすべきか。NATOと協力して強い態度を取るべきというメッセージを出すということだった。2つ目は、ロシアはクリミア併合でとどまるのか、それとも東ウクライナにまで攻撃を広げるのかという2つの見方が示されたことだ。3つ目は、米ロ関係が冷戦関係に戻るのかどうかである。これについては、以前のような冷戦関係にはならないと結論づけていた。

スコウクロフトは共和党の中でも穏健派ということもあり、ロシアへの強硬策を語ることはしなかった。これに業を煮やしたかのように、冷戦時代にソビエト連邦だったグルジア（現ジョージア）とモルドバ出身者が「ウクライナのようになる可能性がある」との懸念を示す質問が出た。

いずれのシンクタンクで行われた公開フォーラムでも、押しなべて「冷戦は終わった」ことと「武力行使しない」ことは共通し、なぜ、冷戦が終わったのかについて詳細に議論されることはなかった。アメリカはどう対応するべきか、今後ロシアの動きはどうなるかが議論の中心であった。

幸いにも私は、他の外国人研究員とは異なり、ヘリテージ財団の国際政治研究部の毎週の定例会に参加していた。そこで国際部を統括する部長から、今知っておくべきこととして、「なぜ冷戦が終わったのか」についての説明があった。

この会議に参加して私が知り得たことは、国際政治には国内向けと海外向けだけではなく、専門家とそれ以外でも説明内容に隔たりがあるということだった。しかもその違いは、所属が同じなどの信用できる専門家グループでは共有されるが、そこから他所《よそ》へ漏れることはない。ヘリテージ財団も私以外の外国人研究員をこの会議に入れることはなかった。交わされる議論は書けないことがほとんどだったが、書いても問題ないこと、日本が知っておいたほうがいいと思われることは、毎週発行していたヘリテージ・ニューズレターに書き公開してきた。その際、ヘリテージの名がつくニューズレターであるので、毎回、英訳にして事実確認を行ってきた。本書に書いている情報は、そのニューズレターで使った範囲内にとどめている。それほど、安全保障に関わる情報が繊細であることを、この会議に出るたびに身に染みて感じていた。

公開イベントでほとんど議論せず、会議で部長から直々に説明があるということは、アメリカにとって「冷戦が終わったか」の議論は、もはや国際政治の専門家が議論することでもなく、すでにアメリカの決定事項であり、国際政治における頂上テーマであることをうかがわせた。

部長は「冷戦でない理由」として次の4つを示している。

1つ目は、アメリカとロシアの間にイデオロギーの戦いが存在していないことである。ロシアはもはや経済的に共産主義の国ではなく、ただの汚職が進んだ国ということだった。

2つ目、ロシアはヨーロッパにおいてソ連時代のような影響力を有していないということ。以前は、共産主義の宣伝をし勢力を拡大していたが、今では共産主義を拡大しようとはしていない。

3つ目は、軍拡競争に代表されるような冷戦ととらえるのは、時間に逆行する考え方であるということ。冷戦とは最終局面として、武力の衝突を意味していたのだから。

4つ目は、ロシアとは経済的つながりを深めており、経済制裁の効果が以前とは異なっているということ。政治家など個人に向けた経済制裁は1つの手段として有効であるが、ロシア全体の経済制裁には時間がかかるだけではなく、他の国々にも影響を与えてしまう。つまり、経済関係の密接な国の経済が悪くなれば、アメリカにとっても都合が悪いということである。

この議論を聞いて私は、「冷戦ではない」はすなわち「武力行使しない」ということを意味するのだと気づいた。思い返せば、アメリカが冷戦を制したのは、経済力で優位に立ったからである。経済の勝利であった。実際に軍事力が激突して勝敗を分けたのではなく、軍拡競争に勝利した。軍拡競争は経済力が基礎にある。つまり、イデオロギー対立は、経済力で決着がついたことになる。

この論理で行くと、アメリカとしては、イデオロギー対立がなくなったとされる冷戦終了の時点で、世界の警察としての役割を終えたことになる。この論理を知ると、オバマ大統領だけではなく、かつてレーガン大統領が所属した共和党までもが「アメリカは世界の警察ではない」と口をそろえる理由が明確になる。私は定例会議で「世界の警察ではない」という言葉をいく度となく聞いている。誰が最初にこの言葉を使ったのかを調べたら、冷戦終了直後にブッシュ父が言っていた。

このことを前提にすると、ロシアにたいしてアメリカが、決して武力という選択肢を採らず経済制裁で対処していることに納得できるだろう。

アメリカ外交の4つの方向性

アメリカが変わっても、まだ冷戦時代の復活を目指す指導者もいる。冷戦を生き残ったロシアのプーチン大統領である。

プーチン大統領は、アメリカはまさに冷戦が終わって平和ボケしていると思ったのだろう。冷戦以後のアメリカの変化を、大石内蔵助のように昼行燈《ひるあんどん》のふりをしてうかがっていたわけだ。3期続けて大統領ができないとなったらメドベージェフを大統領に据え、自分が首相として実権を握る傀儡《かいらい》政権をつくり、その後に再度大統領として返り咲いた。その自由自在の独裁ぶりは冷戦時代の大統領そのものである。

プーチン大統領は、中東に対するアメリカの対応を観察し、「チャン到来」「準備完了」とばかりにクリミアに攻め入ったわけである。冷戦時代に生きるプーチン大統領は、テレビインタビューで、いざというときのために、「核兵器」を配備する準備をしていたと語っている。核を抑止力として使うという冷戦時代の常套句をプーチン大統領は持ち出した。

アメリカが軍事力を使わないことは「想定内」だったのだろう。

しかし、その発言はヨーロッパから大きな反発を呼び、ロシア政府は「脅そうとしていたわけではない」とその後鎮静化を図っている。とにもかくにも、クリミア半島の併合が事実化しているところを見ると、プーチン大統領は冷戦戦略で欲しいものを手に入れたということになる。

そこで、アメリカだ。「あれ、アメリカってどうなってしまったの？」と思った人も多いだろう。しかし冷戦終了の意味を正しく理解して、今のアメリカの国際政治での立ち居振る舞いを見ると、アメリカの方向性が見えてくる。

ウクライナをめぐる米ソ関係を注意深く観察すると、次の4つの特徴がある。

1つは、冷戦が終わったことで「民主主義が利用される時代」になったことである。つまり、正当な選挙が一応行われているならば、アメリカはもはやイデオロギーを理由に攻撃することはないのである。

ウクライナには、ヨーロッパに近いクリスチャンと、ソビエト時代に移り住んできたロシア人、そしてイスラム教を信仰するタタール人がいる。クリミア半島はロシア人が多く住む自治区である。そのため、ロシア系ウクライナ人は住民投票で、ウクライナから独立しロシアに編入することを決めてしまった。一応選挙が行われ、しかもウクライナからアメリカに対する正式な軍事援助要請もない。そのため、もし仮にアメリカが武力行使すべきであると思っていても、内政干渉になるからそれはできない。

地方の住民投票の結果で所属する国が変わるとなれば、少数民族を抱える国、とりわけロシア人を多く抱える元ソビエト圏の国々が恐怖を感じるだけでなく、国際社会も明らかに混乱する。だが、先に紹介したCSISのフォーラムでキースピーカーを務めたスコウクロフトは、「ウクライナが軍隊を出していないし、アメリカにも軍事援助の要請がきていない。この状態で、アメリカが軍事介入をすることはできない」と語っていた。

民主化された選挙で決まった結果に介入することはできないというのが、アメリカの立場なのである。この立場は、NATOも同じである。黒海をはさんでNATO諸国が広がるだけに、NATOは緊張体制で事態に臨んでいるが、手は出していない。

2つ目は、軍事力を容易に行使しないことは、民主党のオバマ政権ゆえの決定ではなく、アメリカの総意であり、今後もこの方向性に変わりはないだろうということだ。

ヘリテージ財団は、レーガン大統領の「スターウォーズ構想」と呼ばれる戦略防衛構想に貢献した強いアメリカを主張してきたシンクタンクだが、ウクライナに関する提案は、オバマ大統領の政策と大差がない。

私は、ロシア担当の研究員に「ヘリテージの提案とオバマ大統領と何が違うの？」と聞いてみた。すると、「うーん。いい質問だね」と答えにくいときの常套句が最初に飛び出した。そして「あまり変わらないけど、強いて言えば、経済制裁の方法とＮＡＴＯへのメッセージだけが違いかな」と言った。

「強い対応が必要だって主張していると思うけど、『強い』って何？」と聞いたところ、「今できることは、経済制裁で強いリーダーシップを発揮することと、ＮＡＴＯに対して戦うときはいつでも準備ができていると今まで以上に強いメッセージを送るぐらい」ということだった。

そこで、「最近は、共和党の議員もレーガン的ではなくて、民主党のようにあまり国際政治に興味がない気がするんだけど、強い対応に理解はあるの？」とさらに質問をぶつけた。返ってきたのは、「いい質問だね。共和党の議員にも僕たちの研究と教育が必要なんだよね」。もはやアメリカの国際政治の現場では、「強い対応」という言葉すら内容のない言葉になっている。

そこで、アシスタントのラリーに冷戦時代からの上院議員の数（２０１４年６月時点）を調べてもらった。国際政治は上院議員の力が強いからだ。

結果は１００人中22人だった。そのうち、国際政治にあまり興味のない傾向がある民主党所属が13人、強い外交を好む傾向を持つ共和党所属は９人ということになる。強いアメリカを主張する上院議員は1割にも満たないのである。強い外交を望む発言がメディアに取り上げられるときは必ず、ジョン・マケインかリンゼイ・グラハムだ。2人とも冷戦以前からの共和党議員で、この2人しか登場しない。もしかすると、強い外交を主張する上院議員は今や2%だけという可能性もある。

3つ目は、アメリカが前線に立たないことである。

NATOへの支援を強調していることからそれがわかる。9・11同時多発テロ以降に学んだことは、アメリカが先頭に立って声を挙げてはいけないということだった。この考えはテロとの戦いに限定されるものではない。プーチン大統領の冷戦的振る舞いに対しても、ヨーロッパの地域問題ととらえNATOが先頭に立つべきと考えている。NATOが武力行使するならばアメリカは支援する、という立場なのである。

4つ目はアメリカが資源安全保障を使えるようになったので、さらに経済制裁を利用するようになるということ。まさにイアン・バーグレーがアメリカの今後の特徴として語る「経済の武器化」である。

シェール・ガスの発掘成功により、今後、アメリカはエネルギー輸入国から輸出国になっていく。今もエネルギーの値段はシェールに連動しており、「OPECは原油価格を決める場ではなくなりつつある」とIEAの田中信男元事務局長は語っている。世界的にエネルギー価格が下落する中でも、ＯＰＥＣがオイルの減産に踏み切らないのは、エネルギー業界的にはショックなことであったという。占有市場のパイを維持するためであった。そこでもっとも大きな影響を受けているのが、アメリカが率先して経済制裁を科しているロシアだったのである。ロシア経済はヨーロッパにガスを供給するパイプランを大きな財源としている。アメリカは、エネルギー輸出国になる日を見据えて、「経済制裁」の使い方とその効果についてさらに研究していくと思われる。

冷戦終了の証は宇宙開発の協力関係

米ソの冷戦終了の証は、米欧日の結束の証であった国際宇宙センターの運営にロシアを招待したことである。

宇宙についての研究はトップシークレットの超先端技術である。ここでの協力はよほどの信頼関係がないと成り立たない。今もアメリカは安全保障に関わる先端技術が使われた製品については輸出を厳しく制限していて、これについては日本を含む同盟国も例外ではない。たとえば日本は開発途上にあったＦ・35ではなくＦ・22を輸入したかったが、連邦議会からストップがかかった。重大な安全保障に関わる機器は輸出が制限される。代わりに日本は、大量生産を予定していたＦ・35を購入することになった。

アメリカがロシアを国際宇宙センターの仲間に入れたのはロシアの宇宙技術漏洩を怖れてのこととも言われるが、両国がもはや戦争をする間柄ではないという大きなメッセージになった。このことは、米ロ安全保障の専門家の間では常識となっている。

ロシアがクリミア半島を併合したときには、アメリカのNASAで、ロシア人と一緒にプロジェクトに携わる研究者やロシアから来ている研究者は、今後どうなることかと心配していたと言われている。ロシア政府も国際宇宙センターへの協力を見直す姿勢を示していた。だが、ウクライナをめぐって緊張が続く2015年3月28日、ロシアはアメリカが予定している2024年までの国際宇宙センターへの協力を継続すると、米ロ共同記者会見を開いて発表した。

オバマ大統領は2024年までの延長を2014年1月に発表しているので、この時点ですでに1年以上経過している。なぜそのタイミングなのかと考えると、プーチン大統領が「核兵器を臨戦態勢にする準備をしていた」とインタビューで答えたのが3月15日である。つまり、宇宙協力の継続は、プーチン大統領発言の火消しと見られる。ロシアはアメリカに対して、核兵器どころかとにかく武力でロシア側から攻撃することは一切ありませんと証明しようとしたと理解できる。ちなみに日本も2024年までの協力を決めている。

冷戦終了の恩恵は中国へ

冷戦終了に便乗して漁夫の利を得ているのが、中国である。

ソ連との冷戦が終わったことで冷戦という枠組みを消し去ったアメリカは、中国を相手に冷戦構造を組み立てなおすことはなかった。

1990年代、アメリカは中国に対して大きな政策変更を行ってきた。冷戦終了時のジョージ・ブッシュ（父）大統領は、とりわけ中国との関係が深い。国交回復途中の1975年、中国の特命大使に指名され、米中関係の基礎を築いた。1989年の天安門事件の際、アメリカは中国に経済制裁を行ったが、冷戦構造崩壊とともに、制裁はうやむやになった。それだけではない。当時、中国にたいしては衛星の輸出を禁止していたが、それも再開させた。ブッシュ父大統領は中華料理も好物で、ワシントンの郊外にある「北京グルメイン」というレストランは、彼のおかげでおいしい店として有名になった。今もブッシュ大統領の写真が大きく飾られている。

その後を引き継いだビル・クリントン大統領は、現在の中国の経済発展を導いたとも言える大統領である。当時、「日本パッシング」という言葉が使われるようになった。つまり、アメリカの政治家は日本を通り過ぎて中国に向かう、という意味である。当時、たまたまテレビをつけた際、ある上院議員が「中国は魅力的だが、日本には一切の興味もない」とインタビューに答えているのを見て仰天した記憶がある。

クリントン政権は、経済における最恵国待遇を中国に与え、中国の巨大市場を狙った。戦略的パートナーシップという言葉もこのときに登場している。

現在では、中国は世界第1位のアメリカ国債保有国となった。アメリカ企業の中国進出も増えて、米中の経済は緊密さを増すばかりだ。この状況を考えると、米中が冷戦構造になることはない。

ただし、中国にお灸を据えることが必要になったら、アメリカは経済制裁を使うだろう。アメリカがTPP（環太平洋経済連携協定）の構築をめざし、中国のAIIB（アジアインフラ投資銀行）にも参加しないことは、何かの場合は経済制裁もあり得るというカードを残しているということだ。

ワシントンの国際政治の専門家に会うたびに、「米中は冷戦構造にないのか？」という質問をぶつけてみたが、判で押したように「中国と冷戦構造であったことはない」という答えが返ってきた。その理由を整理すると、中国は閉ざされた共産主義の時代もソ連とは異なり他国に対して影響力が少なかったこと、今も拡大政策はとるがイデオロギーを広めようとしているわけではないこと、ただの腐敗した政権であること、ということになる。

この論理で行くと、アメリカが実際に中国とぶつかることは考えにくい。

冷戦終了後、アメリカは中国にたいし、衛星の輸出を認めるときもあれば認めないときもあるという微妙な関係がある。衛星の輸出は、安全保障に関わる輸出制限の規定で日本や台湾もその規制対象になる。ただし、国によって扱いは異なり、中国にたいしてはもっとも厳しいレベルで対応している。

この文脈で日米関係を見ると、もし、アメリカの大統領が中国を国際宇宙センターに招待し、それを中国が受けたときは、アメリカにとって日米同盟の役割は非常に小さくなると予測できる。

第5章

これからのアメリカを動かす「ミレニアル世代」とは

レディー・ガガは歌う
「♪あなたはありのままで完ぺきなのよ」
「♪私は正しい道を歩んでいる」
自分が世界の中心と考える世代がアメリカを動かす

私が主役！　レディー・ガガ世代

では、これからのアメリカは、トランプ現象を受けてどこへ向かうのだろう？　世界の中心はどこ？と聞くと、「世界は、私を中心に回っている」と答える世代がアメリカに現れ、今やその若い世代の価値観がアメリカを席捲《せっけん》しようとしている。

アメリカに地殻変動が起きるほどのインパクトを与えていると注目されているのは、1980年から2000年に生まれた「ミレニアル」と呼ばれる世代だ。2000年から2020年に有権者になる世代を指し、2008年大統領選挙でバラク・オバマが勝利したことで、一気に注目されるようになった。オバマ大統領の政治手法も政策の傾向もこの世代の考え方と非常によく似ていると言われる。

そのため、ミレニアル世代もオバマ大統領も、前の世代から大きな反発を食らうことも多々あるのだが、両者はつぶされるどころか、その世代の特徴はますます社会に浸透している。この世代の特徴を知れば知るほどに、今起きているアメリカの変化が一過性のものではないことに気づかされる。少なくとも今後20年は続き、新しいアメリカを出現させるであろうこと、そして、今までのアメリカからは考えられないオバマ大統領の政策も納得できるのである。

ミレニアル世代の特徴を余すことなく発揮している象徴的な存在が、スーパースターであるレディー・ガガだ。そのデビューは、エキセントリックで挑戦的、そして鮮烈だった。奇しくもと言うか、必然とも言えるのだが、レディー・ガガのデビュー・アルバム「The Fame」は2008年9月にリリースされた。オバマ大統領誕生の年である。

レディー・ガガは1986年生まれで、20年を一区切りとするアメリカの世代論でいえば、まさにミレニアル世代のリーダー的存在である。

2009年には「The Fame」でグラミー賞やMTV賞を総なめにしただけでなく、全世界にレディー・ガガの名前を知らしめたアルバム「ザ・モンスター」を発表した。このアルバムには、「ガーガー・ウラ・ラ・ラ」のフレーズが耳に残る「バッド・ロマンス」、ナチとキリスト教を揶揄《やゆ》しているかのような「アレハンドロ」といったシングルが入っており、各国で軒並み売り上げトップを記録した。この後、レディー・ガガが自分のファンを「リトル・モンスター」と呼んでいることはよく知られている。そして2010年、レディー・ガガはついにタイムスが選ぶ影響力の強い人物100人の1人に選ばれ、ミュージシャンでは1位に輝いた。

世代論的に言うと、2008年はミレニアル世代の時代が始まった年だ。まさしくその年にレディー・ガガは彗星《すいせい》のごとく登場し、現在も全米からもっとも注目されるミュージシャンの地位にある。

レディー・ガガの歌を聴くと、この世代がなぜ「私を中心に回っている」と考えているかがよくわかる。820万枚を売り上げ、世界的ベストセラーになった2011年発売の「ボーン・ディス・ウェイ」では、「あなたたちはみんなスーパースターよ」「あなたはありのままで完ぺきなのよ」と呼びかけ、「私は正しい道を歩んでいる」「ありのままの姿で生きている」と歌い上げている。

レディー・ガガ世代は、親から非常に愛されて育ち、自分に自信を持っているのが特徴とされる。レディー・ガガも、今までのミュージシャンとは異なり、クラッシックからロックに至るまで声楽の英才教育を受けている。子供の才能を伸ばしたいという親世代の気持ちがうかがい知れるのである。

「ありのままの私：ボーン・ジス・ウェイ」は、子育ての世界ではすでに一般化しているフレーズと言っていい。

アメリカの世代論とレディー・ガガ

ここで、ミレニアル世代以外の世代について紹介し、ウィリアム・ストラウスとニール・ハウの世代論を基にしてまとめてみる。

アメリカの世代論では以下の3つが共通項となっている。

1つは、だいたい20年ごとに4つの世代が繰り返し出現し、80年が世代論の1サイクルになっていることだ。4つの世代の特徴は、1理想主義世代、2反抗世代、3市民社会世代、4順応世代となっている。

現在のミレニアル世代は3番目の市民社会世代にあたり、世代論の著者によって多少異なるが、だいたい1980年から2000年に生まれた世代を指す。その前の周期、約80年前のこの世代にあたるのは、アメリカでもっとも偉大なる世代と言われた第2次世界大戦を戦ったGI世代だ。レディー・ガガとトニー・ベネットのデュエットはまさに1サイクル時代が異なる市民社会世代同士の競演であった。ふたりは根本的な思考が似ているので、本当に気が合っていると考えられる。ロナルド・レーガン大統領、ジョージ・ブッシュ大統領がこの世代に入る。日本では、中曽根康弘首相や読売新聞の主筆・渡辺恒雄がこの世代だ。

4番目の順応世代は今の中学生以降だ。その前の順応世代は、GI世代と次に来るベビー・ブーマー世代の狭間で時間軸においても特徴においても存在感が薄い。アメリカの歴史ではこの世代から一人も大統領は誕生していない。戦後の日本政界では、順応世代が好まれているようで、小渕恵三首相、森喜朗首相、福田康夫首相は完全な順応世代であり、小泉純一郎首相、麻生太郎首相は順応世代と理想主義世代の狭間にいる。

1番目の理想主義の世代は、ベビー・ブーマーの世代である。このネーミングを聞くだけで人数が多く、社会への影響力が大きいことがわかる。1992年以降の大統領、ビル・クリントン、ジョージ・W・ブッシュ（息子）、そしてバラク・オバマもぎりぎりこの世代に入る。イーグルス、サイモンとガーファンクル、マイケル・ジャクソン、マドンナがこの世代だ。後期のマイケル・ジャクソンとマドンナになると次の世代の影響も色濃く受けている。

オバマ大統領はこの世代で、次の次の世代と価値をもっとも共有できる人ということになる。マイクロ・ソフトを創設したビル・ゲーツとアップルを創設したスティーブ・ジョブズもこの世代に入る。日本では、安倍首相、鳩山由紀夫首相、管直人首相、野田佳彦首相がこの世代である。

2番目の反抗世代は、今の時代に当てはめると「ジェネレーションX（X世代）」と呼ばれている。日本では新人類と言われていた世代だ。この世代は、それほど親に可愛がられなかったこともあり、自立心が強いことが特徴。ヤフーの2人の創立者、ジェリー・ヤンとデビッド・ファイロ、グーグルの創設者のラリー・ペイジ、セルゲイ・ブリンもこの世代。日本では、楽天の創設者の三木谷浩史、ホリエモンこと堀江貴文がこの世代。反骨精神旺盛な大阪の橋下徹元市長など、30代後半から50代前半がこの世代だ。

2つ目の共通項は、40年ごとに、支配する政治思想に変化が現れることである。支配する世代は、理想主義世代と市民社会世代である。この2つの世代が全体の2割以上を占める有権者になったときに新しい世代になり、政治思想の前提が変化していく。その後に続く2つの世代は、理想主義世代と市民社会世代の空気を覆すことはできず、次への変化とつながる影響を与えるが、その枠の中で生息する。

ベビー・ブーマーを中心とする戦後生まれが大挙して有権者になった1968年から理想主義が始まり、2008年にオバマ大統領が誕生するまでの40年間は市民社会世代の時代であった。その間、10回の大統領選挙が行われ、共和党が7勝、民主党が3勝で、圧倒的に共和党の時代だった。その前の40年間は、民主党7勝、共和党2勝で民主党の時代であった。

歴史を紐解《ひもと》くと、40年ごとに必ず政党が交代するわけではなく、政党の大統領候補を決める予備選挙で、当該政党に新たな再定義を行うことに成功すれば、1つの政党（共和党）が2回続いたこともあった。

3つ目の共通項は、必ず80年という節目を迎えるに当たり、新たな技術が誕生し、かつアメリカが1つにならないと勝てない困難を迎え、そして偉大なる大統領が誕生していることだ。市民社会世代が登場する際には、多様性が進むという共通項もある。

なぜそれらが周期的に出現するかについて世代論は議論していないので、後付けの学問と批判されることもあるが、アメリカの歴史では政治の40年周期と世代の80年周期が確実に起きている。ストラウスとハウはミレニアル世代の出現を1991年に発売した著書『世代』で、すでに著していた。そしてそのとおり、現在ミレニアル世代が登場している。

ストラウスとハウの世代論を基礎にしてモーリー・ウィノグラッドとマイケル・D・ハウスは、2008年にミレニアル世代の特徴を定義し、オバマ大統領誕生の必然を分析し注目を集めた。そこで取り上げられているのが、先端技術ではネットの常時接続である。そして国家的困難は9・11同時多発テロとリーマン・ショックとなっていた。さらには、多様化する社会である。ベビー・ブーマー時代に入った1968年は一家に1台のテレビが出回るようになったころで、ここでの国家的事件はベトナム戦争だった。その前は、ラジオと第2次世界大戦へと続いていく第1次世界大戦であった。

また、おおよその計算だが80年前には民主党が誇る演説の名手フランクリン・ルーズベルト大統領が誕生し、160年前には、奴隷制度を終わらせかつ演説の名手として知られたアブラハム・リンカーン大統領が誕生している。

多様化する社会とは人口動態の変化だ。２０００年前後から南米からの違法、合法にかかわらず大量の移民が急増しており、人種の人口分布は急速に変化し、白人の割合が少なくなっている。

次に、これからアメリカの中心になっていくミレニアル世代が、これからどのようにアメリカという国を変化させていくのかについて見ていこう。

「アナと雪の女王」がヒットした理由

「アナと雪の女王」はアンデルセンの童話『雪の女王』を下地にしているが、テーマはまったく異なる。「雪の女王」は他の童話にもよく見られるように、男の子と女の子の真実の愛情がキーワードになっている。

呪いのかかった鏡の欠片《かけら》が目と心臓に刺さった男の子カイは性格が一変し、あげくの果てに雪の女王に連れ去られる。仲良しだった女の子のゲルダはカイを探す旅に出る。苦難の末、雪の女王の宮殿を見つけ、カイを見つける。カイを見つけた喜びでゲルダの目から流れた涙がカイの呪いを解き、元の優しいカイに戻るというハッピーエンドの物語だ。

童話『シンデレラ姫』や『眠り姫』は王子様の真実の愛がお姫様を救う。『美女と野獣』

はその反対で、心優しいベルの愛が野獣の呪いを解き素敵な王子様が現れる。当時は、真実の愛を見つけることがもっとも大事だと子供たちに童話を通して伝えていたのだ。

現代版『雪の女王』である「アナと雪の女王」は真実の愛が呪いを破るのだが、最大のテーマは大ヒットした主題歌のとおり「すべてを受け入れてありのままに生きること」である。しかも、エルザとアナの姉妹は、お互いを無条件に愛している。「アナと雪の女王」は全米だけでなく、日本でもヒットした。このことは、「無条件に愛される存在であること」と「ありのままに自信を持って生きること」が、今やディズニー映画を見る子供たちとその親の共通の価値観になっていることを示している。

また、2006年に公開された「プラダを着た悪魔」は20代になったミレニアル世代の価値観を伝え、全米で大ヒットした。ミレニアル以前の世代にとっては、これがハッピーエンド?と悩んでしまう結末なのだが、これこそがレディー・ガガ世代にとっては普通のハッピーエンドということになるそうだ。私はミレニアル世代の前のX世代であり、世代論に触れる前にこの映画を観たので、その結末には「???」と思ってしまった1人だった。

どんな結末かというと、主人公は魅力的なエリート・ジャーナリストを振り、陰謀うごめく華やかなファッション記者としての成功も捨て、事故に遭った親友とレストランで働くボーイフレンドの元に帰って、一番なりたい小説家を目指す。まさしく「ありのままの私」として生きるという選択。ミレニアル世代にとっては「ありのままの私」でいられる場所で生きていくことがもっとも大切なのである。

ミレニアル世代は「セルフィ」世代

とにかく向上する、前に進むということが、以前の世代にとっての重要な価値観だった。

1939年に公開された「風と共に去りぬ」では、故郷の土地を守るために、どんなことをしてでも生き抜く主人公スカーレットのエネルギーに人々は感動した。スカーレットの生き方には時代背景が色濃く出ていた。彼女にとってお金持ちの男と結婚することが家を守る唯一の手段だった。しかも彼女は「私」のためではなく、「家」のために資産家の男が必要だった。ミレニアル世代の「私が中心」とはまったく異なる生き方である。

「世界の中心は私」思考で大ヒットしている商品がある。スマホにつけて自分を撮る「セルフィ・スティック（自撮り棒）」がそれだ。

セルフィ・スティックは、自撮りを男女平等にした立役者だ。後述するが、ミレニアル世代の特徴の1つは男女、人種、LGBTなどで人を差別しないことである。

自分で写真を撮るという意の「セルフィ」は2013年にオックスフォード辞典に加わ

った。日本語では自分撮りを略して「自撮り」と言うが、PCでは入力が難しい単語だ。2000年代前半から使われるようになった言葉で、2013年に大ブレークした。

統計を見ると、セルフィをソーシャル・メディアに投稿しているのは圧倒的にミレニアル世代である。2014年の調べによると、ミレニアル世代の半分以上がセルフィ写真をソーシャル・メディアに投稿したことがあると答えているのに対し、それ以外の世代では20%に満たない。

セルフィ女王もレディー・ガガだ。レディー・ガガは、ツイッターに自分で書き込み、頻繁にセルフィを投稿し、その写真が話題になっている。「明日、こんな服を着る予定」とか、すっぴん姿も掲載していた。友達の結婚を祝う前夜祭パーティでの、かなり羽目をはずしたセルフィも掲載している。レディー・ガガに近い世代のセレブリティたちは、押しなべて、自分で書き込みをしてセルフィも上げている。ミレニアル世代の読者から見るとそれは当然なのだが、40代以上の人にとっては、セレブリティは自分では書かないもの、秘書やスタッフが書いているものと思ってしまうのだ。

2014年3月のアカデミー賞授賞式でも「セルフィ」は話題になった。司会のエレン・デジェネレスがメリル・ストリープと自分をスマホで自撮りしようとしたところ、若手では「ハングオーバー」でブレークしたブラッドリー・クーパー、「ハンガー・ゲーム」でトップ女優に仲間入りしたジェニファー・ローレンス、そしてアンジェリーナ・ジョリーとブラッド・ピット夫妻、ジュリア・ロバーツ、ケビン・スペイシーらが入り込んでの1枚になった。

このセルフィは、それまでのオバマ大統領が2012年再選の選挙で打ち立てた80万回という最多ツィート記録を塗り替え、一夜にして100万回ツィートされ、結局は320万回以上に達した。このニュースを伝える記事もおもしろく、娯楽雑誌『Variety』は「すべての年齢がセルフィに参加した」と書いている。

両親に恋愛相談できますか？

ところで、あなたは両親に恋愛相談をしたことがあるだろうか？

したことがある、と答えた人はたぶん、ミレニアル世代ではないだろうか。「そんな恥ずかしいこと絶対できない」というのが、その前の世代である。

小学校のころまでは「お母さん、○○君が好き?」「○○ちゃんの隣の席になったらいいな」と言っていても、中学生になると親に好きな人の話をすることはなくなる。高校生にもなれば、恋愛については友達との秘密の話になる。大学生も友達同士のもっとも重要な会話が恋愛だろう。社会に出た女性は、親から「結婚」について言われることはあっても、「恋愛相談」を親にすることはなかったのではないだろうか。

ところがミレニアル世代は異なる。大事に育てられているため、両親が大好き。ミレニアル世代の親は、アメリカではマイケル・ジャクソンやマドンナを聴き、日本ではバブルを経験してさまざまな意味で社会経験が豊富だ。クリスマスを恋人と過ごせないことで落ちこぼれ感を味わった世代でもある。そのため両親は、その前の世代に比べてかなり「若気の至り」に寛容と言える。遊び方も知っている世代なので、ミレニアル世代にとっても両親と過ごす時間が楽しいのだ。

ところがワシントンDCで、ヘリテージ財団のリサーチ・アシスタントたちと一緒に過ごす時間が多くなるにつれ、それは一般的なことだと思うようになった。両親と毎日、電話で話すのは珍しくなく、普通のこと。週末になると親と一緒に食事するのも一般的なことだ。

日本の大学生も同じ状況だった。大学で「レディー・ガガ世代」について話したとき、授業の後、数人の学生が私のところに駆け寄ってきた。「私、ものすごく両親と仲がいいんです。ちょっと異常かなと思っていたのですが、安心しました」と。それも1人だけではなかった。「私の父は私が大好きで週末は2人で遊びに行きます。うちだけではないんですね、安心しました」と。他の学生もその学生たちの話を聞いて「うちも」「私のところも」とうなずいていた。

「でも、そんな両親が好きなんでしょう?」と聞いたら、「そうなんです! 家族で仲がいいんです」と返ってきた。「仲がいいことはいいことだけど、アメリカでは、20代の親離れ子離れを助ける番組リアリティショーがあるぐらいだから、自立できるように、頑張ってね」と言うと「そうだな、と今日思いました。頑張ります!」。そんなやりとりがあった。

日本のミレニアル世代も、アメリカ同様に、私が想像していた以上に親に可愛がられて育てられていたことがわかった。40代以上の人にとっては、ちょっと想像がつかないことだと思う。

とりわけ、ミレニアル世代の前のX世代は、親との関係がとりわけ希薄だった。この時代を表すシンボル的な映画は「ホーム・アローン」(1990年)と言われている。7人家族(5人の息子)でパリ旅行に出かけたはずが、両親は息子を1人置き忘れたことになかなか気がつかない。一方、家に1人残ったマコーレー・カルキン演じるケビンは悲しむどころか、うるさい家族がいなくてせいせいしたとばかりに、1人の生活を満喫し、なんと留守宅を狙った空巣犯を撃退してしまう。今だったら、この両親は逮捕されるだろう。

その前のベビー・ブーマー世代の価値感をあらわすのは大人気を博した「大草原の小さ

な家」だ。その中心は一家の大黒柱であるお父さんだった。この世代から見ると、レディー・ガガ世代は甘やかされて育った自分勝手でジコチューな若者ということになる。そのため、レディー・ガガと同じように自分勝手と受け取られ、ちょうど出る杭のように大いに批判された。

アメリカでは、ミレニアル世代の「甘え」を矯正するリアリティ番組が、時々放映されている。1人暮らしの準備がまったくできていない20代の女性が共同生活を行い、掃除、洗濯、料理そしてお金のことを学んでいく。最初は、誰もバス・トイレ、キッチンという共同使用の場所を掃除せず、どんどん汚くなっていくのだが、指導が入るたびに少しずつ、彼女たちは自分でなんでもやらなければならない共同生活を学んでいく。

ある程度のことができるようになった最終日には、彼女たちは両親の前で「もう私は1人で大丈夫」と宣言する。「これを機会に1人暮らしをします」と娘が宣言すると涙を流す親たち。しかし、この番組を見ていて驚いたことは、彼女たちが1人暮らしの準備ができていないのは、子離れできない親のせいであることがほとんどだった点だ。ミレニアル世代は、こんな番組ができるほど親子関係が濃密なのである。

ソーシャル・メディアをもっともうまく使いこなすミュージシャンは？　レディー・ガ

ガ。

ソーシャル・メディア革命を起こした人は？

フェイスブックの設立者マーク・ザッカーバーグ。

ソーシャル・メディアを使いこなす政治家は？　バラク・オバマ大統領。

バラク・オバマ大統領の最大の支持者は？　ミレニアル世代。

レディー・ガガは、オバマ大統領を抜いて、2010年に誰よりも早く、ツイッターのフォロー数2000万人を超えた。同時期のフェイスブックのファンは5000万近くだった。レディー・ガガはミュージシャンとしてだけではなく、ソーシャル・メディアの活用においてもずぬけている。ソーシャル・メディアを使って自分でファンと直接コミュニケーションをとった初めてのミュージシャンである。

新曲のリリース前に歌詞を一部ソーシャル・メディアに書き込んだり、次のイベントではどんな服を着るかを宣言したり、バレンタインデーには恋人にキスを送りましょうと提案したりした。新曲リリースと同時に通常のビデオよりも長いユー・チューブ用ミュージック・ビデオを制作し、惜しみなくユー・チューブにアップしてきた。レディー・ガガは2009年5月、他のポップ歌手に先駆けてユー・チューブに公式チャンネルをオープンさせ、2010年には、最初に10億回視聴の記録を打ち立てている。レディー・ガガは、ポップ歌手の新曲ビデオが好きなときに無料で見られる時代の幕開けをつくった。もはや、MTVで見たいミュージック・ビデオが流れるのを待ったり、CDを買ったりレンタルする必要はなくなった。

レディー・ガガはソーシャル・メディアを使ってスターダムにのし上がった最初のミュージシャンとなった。

ソーシャル・メディアの集客効果

レディー・ガガがデビューしたころは、コンサート会場へのカメラやビデオの持ち込みは禁止されることが一般的だった。それが今や、ポップ歌手のコンサートでは、スマホを手に持ち、写真はもちろん動画もアップしながらコンサートを楽しむことが普通の光景になっている。

ソーシャル・メディアが登場してから、そこに投稿される動画やニュースは「広告」の起爆剤となっている。ミュージシャンは、ファンによるコンサート風景のソーシャル・メディアへの投稿から、大きな宣伝効果を得ている。盛り上がっているコンサート風景を目にすれば、そのコンサートの現場に行きたくなる。

今は、チケットもサイトにアクセスしてクレジット・カード番号を入れて購入し、チケットを印刷して会場に向かう。コンサートに行くときのコツは、まずは、お目当てのアーティストに関連するソーシャル・メディアにアクセスして情報を得ることであり、チケット情報からコンサート会場まで常にソーシャル・メディアが伴走している。

ミレニアル世代は、テレビ、ラジオ、新聞・雑誌からの情報よりも友達との会話、口コミ、そしてソーシャル・メディアの情報を信用するという調査結果がある。モノを買うときに大手マスコミから得た情報を信用する人は50％に及ばないが、ソーシャル・メディアでシェアされる情報については50％以上の人が参考にすると答えている。友達との会話については74％が信用できると。広告収入で成り立つ大手マスコミの宣伝よりも、友達がシェアしてくる情報のほうが嘘は少ないと思っているのだ。今や、ツイッターでリツイートされればされるほど、元の情報に価値が付加される。フェイスブックでは、シェアの数が増えれば増えるほど、その情報の価値が上がり、宣伝効果も高くなっていく。

何かを判断する場合、ソースの信用性は非常に重要だ。ニューヨークでジャーナリストとして働くアメリカ人とマンハッタンのイーストで食事をしたときのこと。どこのレストランに行こうかと2人でザハッド・サーベイをペラペラ。私が「このあたりってマンハッタンの中心よりも点数が低い店が多いんだね」と言ったところ、彼女から妙に納得できる反論があった。「アッパーイーストは口が肥えた富裕層ばかりが住んでいるから、旅行者が多いマンハッタンのタイムズ・スクエアやブロードウェイあたりよりも点数が辛くなるのよ」と。

確かにそうだ。

もはや私にとっては、20代、30代の男性の薦める店は量が多すぎて、味つけも強すぎることがほとんど。点数はそれほどでなくても、だいたい同じような好みの人が勧めてくれる店は、私にとっては、ほぼアタリだ。「私」中心にネットワークがつくられるソーシャル・メディアは、関心が近い仲間が集まることが多いだけに、友達やフォロアーからのお薦めは、「アタリ」である確率が高くなる。

フェイスブックやツイッターをやるようになってから、「私の関心事」の情報が、今まで以上に入ってくるようになった。実は、レディー・ガガの初来日を最初に知ったのは、ソーシャル・メディアからだった。

このようなソーシャル・メディアとコンサートの関連性を誰よりも先に使って成功したのが、2008年大統領選挙におけるオバマ陣営だった。オバマ候補の演説で会場は盛り上がって一つになる、会場は人が多くて入りきれない、という情報が流れれば流れるほど、オバマの生演説が聞きたくなるもの。それまでの大統領選挙では、候補者がどこで選挙運動を行うか公開されておらず、そのイベントが行われる周辺の人々に1週間ほど前に知らされて動員が始まり、そしてプレスには、前日か、せいぜい2、3日前に発表される程度であった。2008年以前は今のような大規模な演説会は行われていなかったのである。

日本の選挙でも、他陣営に知られて妨害されたくないという理由のため演説を行う場所と時間は秘密事項である。また、応援演説に来てくれる政治家の日程との兼ね合いや突発的に入ってくるあいさつ回りのために、ぎりぎりにスケジュールが決まるという事情もあった。しかし、最近のアメリカでは、党首などが話す大型の街頭演説会のスケジュールは、政治家関係の友人からソーシャル・メディアで流れてくるようになった。2008年大統領選挙前までは秘密だったイベント情報が、今や宣伝材料になったのだ。

しかしアメリカでもクラシック・コンサートや映画館では、今でも携帯電話やスマホの電源を切るようにアナウンスがあるので注意が必要だ。けれど、その場にいることが重要なイベントに関しては、ソーシャル・メディアの写真と動画の機能は、口コミ・マーケティングとして大きな威力を発揮するのだ。同時に、情報をアップする人々は、ソーシャル・メディアから「私が中心」という思いも満足も得ている。

流行をつくるのは「私」

ミレニアル世代に、「どうしてそんなに情報をシェアするの?」と尋ねると、アメリカ人、日本人に関係なく「私が流行をつくる」という返事が返ってくる。

おいしいレストランに行ったら、ソーシャル・メディアに流して、トモダチやフォロアーに教える。その店が有名になったら、「私」がトレンドをつくったことになる。美味しいプリンを食べたから、着心地のよいシャツを見つけたから、楽しいコンサートに行ったから、楽しい仲間と集まったからと、とにかく自分の好きなものは他の人も知りたい情報に決まっていると考えて、どんどんシェアしていく。

X世代の私は、レストランや仲間との会食の写真を投稿することには、まだまだ躊躇《ちゅうちょ》がある。お客さんが一時的に増えるだけだと店が迷惑するのではないかとか、予約が取りにくくなったら困るなとか、一緒にいた人が嫌がるのではないかと、余分なことを考えてしまう。

しかし、そこで躊躇するのではなく、WinWinの関係ととらえるのが、ミレニアル世代的思考である。楽しいことはどんどんシェアする。シェアされたほうがより多くの人が知ることになるのだからよいことに決まっている、と考えるのだ。

考えてみると、この考え方のほうが理にかなっているとも言える。客が来ることは、レストランは嬉しいに決まっている。しばらく行かないうちにお気に入りの店が閉店していたなんてことは、少なくない。気に入った店が続くためには、絶え間ない客の来店が必要である。

2015年1月から2月にかけて、アメリカは各地で記録的な寒さを記録した。アメリカの学校、政府機関は日本に比べると、非常に簡単に雪、台風といった自然災害のために休みになる。大型の低気圧がやってくることが明らかな場合は、通常どおりか休みか、または開始時間を何時間遅らせる、といった情報が前日から流される。

最近では、休校のお知らせは、学校のホームページに載る。「アナと雪の女王」の主題歌「ありのままで」をミュージカル仕立てにした替え歌で休校を知らせる学校や、校長先生が「ラップ」の曲に乗せて休校を知らせる動画が登場した。生徒たちはシェアしまくり、それらの動画は学校だけではなく、しかもアメリカにとどまらず、世界的に見られる動画となった。日本でもマスコミが取り上げていたので、ご覧になった方もおられるだろう。

ミレニアル世代＝ソーシャル・メディア世代

「私が中心」と考えるミレニアル世代は、「私」が発信源としてネットワークが構築されるソーシャル・メディアと限りなくマッチしている。では、ミレニアル世代の時代に、もしソーシャル・メディア開発されていなかったら、ミレニアル世代はどうなっていただろうか？

実はこの設問は愚問である。ミレニアル世代とソーシャル・メディアはコインの裏表と言えるほど深いつながりがある。そもそもソーシャル・メディアをつくったのは、ミレニアル世代だからだ。

1984年生まれのマーク・ザッカーバーグが2004年にハーバード大学生だけがアクセスできるフェイスブックをつくり、2006年に誰もが作れるようにし、2009年には世界最大のユーザーを抱えるソーシャル・メディアに成長した。彼は26歳でタイム誌が選ぶ「2010年の顔」になった。ミレニアル世代の時代に入ったと言われる2008年を境に、フェイスブックもブレークしている。フェイスブックがハーバード大学の大学生向けサービスから始まったように、ユーザーもミレニアル世代を核にして広がっていった。

ツイッターの設立者の3人も、定義によってはミレニアル世代からはずれるが、1970年代後半、限りなく1980年近くに生まれており、ほとんどミレニアル世代である。

ユー・チューブの設立者の3人もX世代の最後、1970年代の生まれだ。前の世代の最後となると、ほとんどミレニアル世代の特徴の影響が強いと見るほうが自然だ。さらにグーグルの2人の設立者も1970年代の生まれである。

ミレニアル世代の世代論的特徴は、物心がついたときからのネットへの気軽な接続である。初期のミレニアル世代は、高校生のときから常時接続が可能な環境ができた。そして、レディー・ガガは、圧倒的な歌唱力と楽曲のセンス、目に焼き付くようなファッションをソーシャル・メディアにコラボさせた、21世紀最初の歴史に残るアーティストになるだろう。

レディー・ガガに代表されるミレニアル世代は、コンサート、ホテル、レストラン、飛行機などの予約を24時間その場で決済できる環境で育っているが、その前の世代にとっては、深夜に飛行機のチケットを買ったり、明日のレストランの予約を入れたり、1時間後のランチの場所をネットで探して予約するたびに、「ああ、便利な時代になったな」と感心する世代。そうした世代同士で、望むサービスが異なることは当たり前。こうしたサービスがデフォルトであるミレニアル世代が、新しい産業、新しいサービスをつくっていくのは、当然と言えば当然のことなのである。

人種差別は最大の「ポリティカル・インコレクト」

レディー・ガガは「ボーン・ディス・ウェイ」で、貧乏であろうと金持ちであろうと、同性愛者であろうと、どんな人種であろうと、障害があったとしても、そのままで美しく完ぺきよ、と歌っている。まさにマイノリティに優しい歌である。

この歌のとおり、レディー・ガガ世代は今までのどの世代よりも多様性を享受する。アメリカは人種のるつぼといっても、白人が圧倒的多数を占めてきた。それが、ミレニアル世代が生まれるころから変化してきている。ミレニアル世代が生まれ始める1980年には白人は人口の約80%を占めていたが、2014年になると白人の割合は50%を超えるところまで減少した。この流れは弱まるどころかますます加速し、南米からの移民は、日に日に増えている。1990年代、10%もいなかったヒスパニック系アメリカ人は今では20%近くにまで達している。アジア、中東からの移民も増え、白人が少数派になりマイノリティ連合が多数派になる日もそんなに遠くはない。実際、5歳以下の子供に限ると、すでに白人はマイノリティなのだ。

ミレニアル世代は、人種的に今までのどの時代よりも多様化したアメリカで育っているため、人種的な垣根は格段に低い。その変化は、1990年代に比べても隔世の感がある。

たとえば、1990年代には、構内では同じ人種でしかデートしてはいけないという決まりを持った大学すら存在していた。サウス・カロライナ州のボブ・ジョーンズ大学は、2000年3月1日、異なる人種、たとえばアジア人と白人、黒人と白人が交際し結婚することを初めて認めた。この大学は1927年の設立だが、1970年代になって初めて黒人の入学を認めたものの、異なる人種間のデートはその後30年間も認めていなかった。同大学はキリスト教の教えに基づいており、「神は人間を平等につくってはいない」と主張してきた。だが、2015年2月現在、ボブ・ジョーンズ大学のホームページにつなぐと、最初に目に飛び込んでくるのは黒人の女子大学生の姿。時代は急速に変わっている。

自由の国アメリカといっても、その内部には、日本から想像する以上の差別が根づいている。ワシントンで政治を追っていると、「ポリティカル・インコレクト」という言葉をよく耳にする。これは、「本音ではそう思っていてもそれを言ったら政治的には許されないでしょ！」という言葉だ。人種差別を想起させる言葉は、アメリカ最大のポリティカル・インコレクトにあたる。差別発言は命とりになる。2013年8月、テレビの料理番組の女性シェフ、ポウラ・ディーンが「奴隷時代のような黒人ウェイターを雇いたい」と発言していたことが明るみに出て、すべてのテレビ番組から降ろされた。

2006年8月、バージニア州知事も務め大統領候補に名前が挙がっていながら、ジョージ・アレンは、複数の人種差別発言のため上院議員の選挙に敗れたと言われている。アメリカにおいて人種差別に関する失言は、そこに本音が隠れているとみなされて失言者の社会的生命を大きく脅かすことになっている。

ポリティカル・インコレクト時代に突如として入り、たじろぐ白人の欲求不満がトランプ人気につながっているのだ。

人気TVドラマにもミレニアル世代の影響が

2007年9月に始まった「Big Bang Theory」は、さらに多様化が進んだ人気番組だ。IQ173の青年とザッカーバーグをイメージさせるIQ187の2人の天才科学者オタクを主役にし、さらに多様化した人物が登場して現在も大人気である。演繹《えんえき》的物理学者と理論物理学者の2人を主要登場人物として始まったのだが、2015年現在では、インドのデリー出身の天体物理学者とユダヤ系の宇宙エンジニア、そして物理学者と神経学者の2人の女性博士も主要人物として加わっている。

インド系アメリカ人、そして博士号を持つ女性が主要人物という設定は、今までの人気テレビドラマに比べるとかなり斬新だ。しかも主役たちが先端技術を取り扱っているため、しばしば、天地創造を起源とするキリスト教的価値との間の議論が取り上げられる。さらに、ユダヤ系アメリカ人の家庭やインド系アメリカ人の家庭でよくある問題も取り上げている。

たとえば、ユダヤ人家庭では母親が子供をコントロールしすぎる傾向があり、子離れしないと言われるが、その関係をそのままユダヤ系アメリカ人博士とその母との関係に使っている。一方、インド系アメリカ人については、次々と家族からインド系アメリカ人女性との縁談が持ち込まれる。このドラマは、ミレニアル世代の特徴に加えて、親世代との宗教や慣習に対する考え方の違いについても描いている。

ミレニアル世代は、人種に対してだけではなく、性別、宗教にたいしても、今までのどの世代と比べても寛大である。

オバマ大統領は、歴代の大統領に比べて圧倒的に教会に行く回数が少ないと報道されている。ミレニアル世代の特徴も宗教離れだ。2010年のピュー・リサーチ・センターの調査によると、宗教を重要視するかどうかの問いについてミレニアル世代以外のいずれの世代も50％以上が重要と答えているのにたいし、ミレニアル世代は40％が重要視していると答えている。

ミレニアル世代のコラボレーション

ミレニアル世代の次に紹介する特徴は「コラボレーション」だ。ミレニアル世代は可愛がられて育っているため自分をしっかり持ち、しかも人口分布の変化もあり社会が多様化しているので、自分と違うものを受け入れる柔軟性もある。その上、ソーシャル・メディアで積極的に情報をシェアし、仲間との「つながり」を大事にする。

「私中心」でありながら「仲間主義」というのは、前の世代からするとなかなか理解できない。「私中心」は「自分勝手」で「一人ぼっち」を想起させるからである。

ミレニアル世代の時代に入り、コラボレーションはますます進化している。音楽の世界ではやはり、レディー・ガガがさまざまなコラボレーションの試みを行っている。

まずは、音楽のコラボレーションだ。

レディー・ガガのヒット曲「アレハンドロ」は、イタリアのヴィットリーオ・モンティ作曲の「チャールダッシュ」を冒頭に取り入れた曲だ。どこまでも郷愁的なクラッシックの旋律に乗って、ミュージカル「シカゴ」の衣装を兵士スタイルにしたような網タイツのエロチックなレディー・ガガが登場し、「もう私の名前を呼ばないで」と歌う。ビデオは同じようにエロチックな男性兵士のダンスと聖女のような雰囲気でお葬式に参列するレディー・ガガの画面が交互に現れ、最後は疲れてベッドに横たわるレディー・ガガの姿で終わる。最初に流れるチャールダッシュの郷愁と悲しさが、ビデオ映像と楽曲を包み込んで支配する効果を出している。

またレディー・ガガは2014年9月、「もっともありえない」コラボレーションとメディアに称されたデュエットを成し遂げている。相手は、ジャズ界の大御所、トニー・ベネット。

話題になったのは「Cheek to Cheek」というアルバム。収録されている曲は2人のお気に入りのジャズのスタンダード。レディー・ガガは奇抜なファッションや度胆を抜くビデオのアイデアを封印し、歌唱力だけで勝負した。2人の息はぴったりで、レディー・ガガはデュエットの記念にトニーにデザインしてもらったトランペットのタトゥを入れたと言われている。タトゥを記念に入れるのもこの世代の特徴と言われている。

このアルバムを聴いたとき、レディー・ガガの声がエディット・ピアフの声に似ているとふと思い、調べたところ、レディー・ガガは、50年前に亡くなったフレンチ・シャンソンの女王エディット・ピアフの大ファンだった。彼女自身が認めているところで、「Artpop」はエディット・ピアフからの影響大と聞いた。

レディー・ガガは、世代や音楽のジャンルを飛び越えてコラボレーションを果たしている。

2010年のグラミー賞ではエルトン・ジョンとコラボし、2015年2月のアカデミー賞の授賞式では、映画公開から50年を祝って、1966年にアカデミー賞に輝いた映画「サウンド・オブ・ミュージック」の楽曲「サウンド・オブ・ミュージック」や「エーデルワイス」などを披露した。

ガガが圧倒的な歌唱力を見せつけ、歌い終わって総立ちの拍手を浴びる中、「サウンド・オブ・ミュージック」で主役を務めたジュリー・アンドリュースが登場、レディー・ガガと抱き合った。この瞬間が、ソーシャル・メディアへのヒット率がトップだったと翌日のニュースが報じた。作品賞や主演女優賞、主演男優賞のときよりも書き込みが多かったそうだ。

ミレニアル世代の「私主義」に馴染みのない世代は、ミレニアル世代を異端視してきたが、「コラボレーション」という特性があるので、結局ミレニアル世代の時代に巻き込まれていくだろう。

社会貢献が大好きなミレニアル世代

愛されて育ったミレニアル世代は、「社会貢献」も大好きだ。それだけではない。ミレニアル世代は、自らが政治に参加して影響を及ぼすことに恐れを抱いていない。それどころか、大好きだ。

大統領選の投票率を見ても、18歳から29歳の投票率は、ミレニアル世代がそれなりに存在するようになった2008年と2012年だけが66％、60％と、60％を超えている（ピュー・リサーチ・センター調べ）。18歳からの投票が認められた1972年から2004年まで、少ないときは40％、多くても54％で、60％に近づくことすらなかったのだ。

「私は政治活動家です。I am an activist」と堂々と話す。そして活動の手法も、今までに比べると格段に新しく豊富だ。

レディー・ガガは、デビューの場所がゲイ・クラブとショッキングだった。それには理由があった。彼女はズバリ、同性愛者の権利保護の活動家なのだ。

さらに、レディー・ガガは2012年、ハーバード大学内に「Born this way」財団を創設した。広義の目的は、より良い社会づくり。特に同性愛者の権利といじめ根絶に力を入れている。レディー・ガガの歌に救われた同性愛者はたくさんいる。とりわけ「Born This Way」では、ゲイでもレズビアンでも性同一障害でも関係ない、ありのままがすばらしい、と歌い上げている。

レディー・ガガが財団を設立するに至った有名な事件がある。中学生のジェミー・ロッドメイヤーは同性愛者であることを隠さず、いじめを受けていた。ジェミーはそれにも負けず、同性愛者の権利を訴えるビデオをつくってユー・チューブに投稿するなど、積極的に活動していた。そのビデオづくりで彼が頻繁に参照したのはレディー・ガガだった。しかし、ジェミーは14歳のとき自殺してしまう。最後のツィートはレディー・ガガへの直接メッセージだった。

「バイバイ。ママ・モンスター。あなたがしてくれたすべてのことにありがとう。顔をあげて、永遠に」

私は、これを書いているだけで涙が出る。レディー・ガガはかなりの衝撃を受けたのではないだろうか。レディー・ガガはオバマ大統領の「1人3万8500ドル（約290万円）」の資金集めパーティに出かけ、オバマ大統領に同性愛者にたいするいじめの根絶を直接訴え、その後この財団を創設した。

ミレニアル世代以前のセレブリティたちは高額な寄付をしてきた。ミレニアル世代のアーティストたちはまだ若いが、惜しみなく寄付をしている。テーラー・スイフト、ケーティ・ペリー、ビヨンセといったレディー・ガガに劣らぬ売り上げを誇るミレニアル世代のアーティストたちだ。

ミレニアル世代は「市民社会世代」とくくられるように、他の世代よりも社会問題の解決に向けた意識が高い世代という位置づけにある。9・11同時多発テロ事件以後の「テロとの戦い」の時代に育ったため、みんなで協力して問題解決することに積極的であると言われている。

オサマ・ビンラディン死亡のニュースが流れたとき、大勢の人が喜びを分かち合うためにホワイトハウスに集まった。そのほとんどは、大学生を中心とする若者たちだった。評判を呼んだ同時多発テロ事件のドキュメント映画「ユナイテッド93」についても、ミレニアル世代とその他の世代で見方が分かれている。9・11について映画をつくることについて、「ミレニアル世代の半数以上が「良いこと」と考えるのに対し、それ以外の世代では「悪いこと」と考える人が過半数を超えていた。ミレニアル世代は、今までタブーであったことも、議論として遠ざけられていたテーマについても正面から立ち向かい、解決したいという思いが強い。これもミレニアル世代の特徴である。

2008年、リーマン・ショックが起こるほどアメリカ経済は低迷した。就職先を決める時期にいたミレニアル世代の失業率は、ほかの世代と比べて必然的に高くなった。新入社員を入れる余裕は企業にも政府にもなかった。またミレニアル世代の多くは大学の教育ローンも抱えているため、ほかの世代に比べると経済的弱者である。そのため、親との同居が多いこともこの世代の特徴になっている。

にもかかわらず、ミレニアル世代は、さまざまな社会貢献を積極的に行っている。

2011年3月11日の東日本大震災の折、レディー・ガガは、どのセレブリティよりも早く津波の被害者にたいする救済募金を開始した。「WE PLAY for JAPAN：日本の為に祈りを」と書かれたレディー・ガガデザインのリストバンドを販売し、その売り上げを全額寄付するとツイッターに書き込んだ。1つ5ドル～100ドルのこのリストバンドは150万ドル（約1億2000万円）を売り上げた。トモダチプロジェクトに振り込まれた額は送料を引かれている額で総額ではないと弁護士に訴えられたレディー・ガガはポケット・マネーで支払い、加えて、個人的に100万ドル寄付し、震災から3ヵ月後の6月に日本でコンサートも行った。

来日の記者会見でガガは、「素敵な日本に旅行に来てください」と全世界に訴えた。当時、日本への旅行者は50％も減少していたのだ。「日本のために祈りを」と油性インクで書いたティーカップに口付けした。はっきりと赤いルージュをつけたこのティーカップをオークションにかけ、アメリカが先導する東日本大震災の救済プログラム「トモダチプロジェクト」に寄付すると発表した。

若い世代が、とりわけ3・11東日本大震災に寄付することは1つの特徴だったようだ。ピュー・リサーチ・センターが、世代ごとの寄付割合を出したところ、18歳から39歳は26

%、40歳から64歳は19%、65歳以上は15%、そして平均21%となった。平均を上回っているのは一番若い世代のグループだけだった。

ミレニアル世代のつくる社会のかたち

自分を中心としたコミュニティをつくり、そのコミュニティが交り合って拡大するソーシャル・メディアは、まさに若者たちの価値をそのまま体現していると言ってよいだろう。このミレニアル世代が成長するにつれ、アメリカ社会にはさまざまな変化が現れてきている。

その1つは、2008年、バラク・オバマ大統領が誕生したことであり、オバマ大統領の取り組みはミレニアル世代の志向に合っている。つまり、人種のるつぼと言われるアメリカの多様性を抵抗なく受け入れるのだ。そのため、ミレニアル世代は、今までのどの世代に比べても、人種の違い・性別の違い・同性愛にたいする偏見がない世代と言われている。今度の大統領選を見てもアメリカは確実にこの方向に進んでいる。

ミレニアル世代は、「世界は私が中心」という考えを持ちながら、仲間とのつながりを大切にするという傾向も見られる。通常、「私が中心」という思考は個人主義、ひいては利己主義につながる。ところがミレニアル世代は「私主義」でありながら、同時に他人とのつながりを大事にする「仲間主義」でもある。これがオバマ大統領の外交・安保政策にあらわれている。

一方、ミレニアル世代の成長で、ビジネスにも変化が現れている。ハリウッドには、ミレニアル世代の台頭に合わせて方針転換した映画監督がいる。日本でも有名なジョージ・ルーカスだ。ルーカス監督は、映画「スター・ウォーズ」をホームページで無料公開することにした。

デジタル技術を使いこなすミレニアル世代は、音楽も映画も、自分好みにオリジナルの素材を切ったり張ったり、自分で勝手に編集して、「私の作品」をつくり上げる。最近、高校の音楽部をとりあげた「glee」というテレビドラマが大人気で、日本でもNHKなどで放映されているが、その人気の理由の一つは、番組の中で流れる音楽。ここで流れる音楽は、複数の歌の歌詞と曲をバラバラにし、その断片を組み合わせて別の曲をつくる「マッシュアップ」という手法で制作した音楽なのだ。

マッシュアップの細切れになった歌や映像に触れれば、誰でもオリジナルに接してみたくなる。オバマ大統領の有名な選挙演説のフレーズ「Yes we can」に音楽を乗せたビデオがユー・チューブに流れるや、オバマ候補の演説会場には大勢の人が押し寄せるようになった。ルーカスはこのことに気づいたのである。ミレニアル世代の影響力恐るべしと言わなければならない。

最後に日本に目を向けてみよう。実は日本にも、デジタル技術を使いこなすミレニアル世代が存在する。日本版ミレニアル世代の拠点は、アジアのインターネット・サーバーの基地でもある慶応義塾大学の湘南藤沢キャンパスだ。ここの卒業生が社会で活躍するころから、「社会起業家」という言葉が登場するようになった。なかでも、育児支援の「フロンティア」や教育支援の「カタリバ」、児童買春と対峙する「かものはし」、大学生の選挙教育の「ｉｖｏｔｅ」などが有名で、創設者はいずれも若者だ。しっかりと「私」を確立している一方で、大切な仲間たちを持って活動している。

先端技術を使いこなし、一人ひとりがそれぞれ中心になって、そして協力し合って日本の問題を解決したいと考える若者たちは、まさに日本のミレニアル世代と言えるだろう。

アメリカのニュース週刊誌が、東日本大震災を報道する際、情報端末を使いこなし、仲間たちと連絡を取り合いながら、自分たちが今できることを探そうとする日本の若者たちを特集していた。日本が今、直面している未曾有の危機を救えるのは、ミレニアル世代の若者たちではないだろうか。日本の若者たちも、アメリカの若者たちに負けていない。

さて、このミレニアル世代がこれからのアメリカを中心的に担っていくことは、間違いない。〝トランプ現象〟であらわになりつつあるアメリカの漂流と崩壊が、この先いかなる安息の停泊地を見つけられるか、それはミレニアル世代にかかっている。

おわりに

この本を書き進める中で、「はじめに」で書いた、私には誤解と思われる見方がなぜ日本で定着しているかの理由が、ようやく見えてきた。

日本では、アメリカというのはレーガン大統領のアメリカであり、またレーガンのアメリカが戻って来ると思われている。その視点でオバマ大統領は弱い大統領ということになるし、アメリカは弱い国ということになる。オバマ大統領の国際政治を見て「共和党だったら、違っていたのに」と考えていたわけだ。

アメリカでもそう考えていた人はいた。予備選直前、ジェブ・ブッシュに期待が集まったのは、彼がレーガンの流れを組む共和党本流だからだと、少なくともメディアは考えていただろう。ジェブが立候補宣言した際に集まった資金は他者を圧倒し話題になっていた。だが現実には、ジェブはまったく人気を得ることなく早々と消えていき、代わりに共和党本流とは相容れる要素がないだけではなく、アメリカを崩壊させかねない暴言王トランプが大統領予備選の先頭を走っている。

では、なぜレーガンのアメリカはもう戻ってこないのか？　その詳細は本文をお読みいただくとして、とにかく「小さな政府」、「キリスト教的価値を基礎とする社会政策」、「冷戦のための強い軍事力」といった「強い国＝レーガンのアメリカ」のシンボリックな政策は時代と合わなくなってしまったのである。

レーガンのアメリカが時代に合わなくなったことに呼応するかのように、黒人の血を引くオバマ大統領が登場し、時代の流れを上手につかんでアメリカをすっかりつくり変えてしまった。それが２００８年以降、アメリカで進行していたことである。

今度の予備選挙の議論を聞いていても、まだまだオバマのアメリカが続くことは明らかだ。なぜかと言えば、オバマこそポストレーガンの時代潮流に自分の政策を巧みに適合させているからだ。そこが共和党と決定的に違うところで、「オバマのアメリカ」は今後もますます前進する。

次代の変化に適合できないでいる共和党だからこそトランプは誕生した。トランプ人気は、多数派の特権を失いマイノリティになることに恐れる白人の不満の吹き溜まりであることは確かだ。だがそれだけでは、彼がなぜ共和党の予備選挙でダントツの１位を走るほど支持されているかを十分に説明することはできない。

注目すべきは、トランプが経済格差の是正と、国際政治を国内政治化する政策提案をしていることだ。国際政治の国内政策化とは、レーガン共和党では軍事費は小さな政府に含まれない別勘定であったが、トランプは軍事費も費用対効果としてとらえる。貿易については民主党的に国内雇用の問題としてとらえる。これらは、レーガンの強いアメリカと自由経済主義とは真逆の思考なのである。共和党にこのようなトランプの思想が受けいれられる時代がこようとは、予想した人が果たしていただろうか。

今、まだレーガン的な国際社会での役割が必要であると考える有力候補者は、皮肉なことにオバマ大統領を踏襲する民主党のヒラリーだけである。たぶんこれが、日本人がなかなか理解できない「アメリカの真実」なのだろう。オバマ大統領は、国土安全保障を重視しつつも、ヨーロッパとアジアでのアメリカの役割も認めている。ヒラリーが大統領になると、日本にとってはトランプよりも一安心であることは間違いないが、結局は、モラトリアム期間を手に入れたことになるだけの可能性が高い。

日本は冷戦が終わって、アジア的冷戦構造に突入した。拡張政策の中国と意味不明の将軍の北朝鮮と対峙しているのだから、日本はしっかりとアメリカの変化に対応しなければならない。今度の大統領選では、白人の怒りがトランプ支持に向かっているとの分析だけでは不十分で、それ以外のトランプ人気の理由をしっかりと観察する必要がある。私たち日本人が想像することができないアメリカの今後の方向性がそこから見えてくるはずだ。本書はそのヒントになるものとちょっぴり自負している。

２０１６年４月　　　横江公美

付録

トランプの暴言・名言から見えてくるもの

ビジネス社編集部作成

暴言1　排外主義、人種差別、女性べっ視と批判されたほとんどアウトな発言

暴言2　個人批判あるいは自画自賛

暴言3　他国への中傷あるいは既存の政治家への罵詈雑言

暴言4　外交・軍事戦略のトンデモ発言

名言集　意外に含蓄のある名発言

今度の大統領選の主役が暴言王トランプであることは誰も否定しないだろう。大統領選が始まってから、日ごと夜ごと彼の口を衝いて出る暴言・妄言の数々をメディアは、あるいは皮肉交じりに、あるいは面白がって報じ、SNSを通じて全世界に拡散した。

彼の吐き出す暴言になぜアメリカ社会は寛容なのか？ あるいは逆に批判の言葉がどうして浸透しないのか。トランプが最後まで生き残るかどうか、その鍵が隠されている。

暴言1 排外主義、人種差別、女性べっ視と批判されたほとんどアウトな発言

まずは人格が疑われると批判された暴言中の暴言。

「移民なんかくそくらえ」

「すべてのイスラム教徒のアメリカ入国を拒否すべきだ」

「メキシコ人は麻薬や犯罪を持ち込む」

「メキシコは問題のある人間を（米国に）送り込んでいる。彼らは強姦《ごうかん》犯だ」

「メキシコの国境に万里の長城を造る」

「彼（マケイン氏）は戦争の英雄ではない。私は捕虜にならなかった人が好きだ」

（クリントンの過ちにたいして）

「やつのモニカ（ルインスキー）との一件の処理の仕方は、そもそも美しくない（モニカの容貌にもひっかけている）。あのスキャンダルがなければ、偉大な大統領として名を留められたのに、お気の毒なこった。

もっと美人とやっていたら、国民も許してくれたかも。ケネディとマリリン・モンローとは、レベルが違うもんね」

（アメリカフォックス・ニュースの女性司会者ミーガン・ケリーにたいして）

「彼女は、ありとあらゆるばかげた質問を私に投げ掛け始めた。彼女の目から血が流れ出ていたのがわかったよ。彼女のどこからであれ血が出ていた」
(カーリー・フィオリーナについて)
「いやあ、たいした女だよ。
みごとお払い箱になって。
ヒューレット・パッカードでひどいことやらかしてさ。
大失敗をこいてさ。
やったことといえばそれだけだ。
いやあ、たいした女さ」
(同じくフィオリーナについて)
「あの面《つら》を見ろよ。
誰が、投票する気になるかってんだ。
次期大統領のたまだって考えるやつなんかいるもんか」

暴言2　自画自賛

次は、大統領になる人物として、その品格と資質に疑問を抱かせる放言。

「貴様ーーー！！　俺を誰だと思ってるんだ！　不動産王のトランプ様だぞ!!」

「どわははは、世界は俺を中心に回っているんだ！」

「俺は誰からもカネを受け取らないんだ」

「俺の美点は何かだって？　きまってるだろう、そりゃ大金持ちってことよ」

「勝って勝って勝ちまくる。『偉大な米国の復活』を必ず成し遂げる」

「俺は、依怙贔屓《えこひいき》主義者だ。依怙贔屓、大いに結構じゃないか。依怙贔屓なんてとんでもないと眉を顰める輩《やから》もいる。まあ、世の中、子供のいない連中もいるからな」

「トランプさん、あなたはバットマンですか?」との質問に対し、「そうだよ!」

「おい! そんな小汚い子供より、俺を先に助けろ!! 金ならいくらでもやるぞ!!」

暴言3 他国への中傷あるいは既存の政治家への罵詈雑言《ばりぞうごん》

同盟国であろうがなかろうがお構いなし。他国への憎しみを搔《か》き立てる中傷と、既存の政治家への仮借《かしゃく》ない悪口三昧。

「中国や日本、メキシコを貿易で打ち負かす。彼らは我々から大金をむしり取っている」

「日本人はウォール街でアメリカの会社を買い、ニューヨークで不動産を買っている。多分、マンハッタンを自分たちのものにしたいんだな。日本人と競《せ》り合っても勝てる見込みはない。どう見ても彼らはこちらをコケにするためだけに法外な金額を払っているとしか思えない」

「メキシコや日本や中国（など米国に輸出している国々）には貿易で制裁を科す。メキシコからの自動車輸入には35％の関税をかける。中国からの輸入はすべて45％の関税だ！」

「老いぼれ政治家や外交官どもが通商交渉で大負けしたせいで何百万もの雇用が失われた」

「私は、ビル・クリントン大統領がやった北米自由貿易協定を廃止し、いま提案されているTPPもゴミ箱に放り込むことを、皆さんに誓約する」

「（ミット）ロムニー氏は出来損ないの政治家だった」

（ローマ法王にたいして）

「宗教指導者が個人の信仰を疑問視するのは恥ずべきことだ」

「法王と戦いたくない。法王をとても尊敬している」

「過激派組織『イスラム国』（ＩＳＩＳ）がバチカンを襲撃すれば、法王は『トランプが米大統領になっていればよかった』と思うことになると断言できる。なぜなら、口ばかりで行動の伴わない政治家と違い、（私が大統領になれば）ＩＳＩＳは根絶されるからだ」

「オバマ大統領はこの国の大災厄であった。経済を壊し、犯罪者に国境をひらき、子供たちに借金を背負わせ、世界中に謝罪をしまくっている。あたかも、この世界でもっとも偉大な国が、オバマ以前に、自由でチャンスにあふれた土地であったことが間違っていたかのように。

今やアメリカは壊れかけた国のようだ――仕事を失い、富を失い、尊敬を失って。オバマはそれに対して何をしているのか？　アメリカが燃え尽きるのを嬉しそうに見守っている外国によい顔をしているだけだ。断じて、これを見逃すわけにはいかない。このＤ・Ｊ・トランプが黙っているわけにはいかない！」

暴言4　外交・軍事戦略のトンデモ発言

知識人や共和党保守本流が口をきわめて批判する外交・軍事戦略についてのトンデモ発言。

「（アメリカの軍隊は）非常に脆弱で、かつてなく装備が貧弱になり、しかも徐々に削減されつつあるので、もっと大きく、もっと有能で、もっと強力な、そしてなによりも技術的に最先端の軍隊を建設して、誰も我々に手出しができないようにすべきだ」

「核兵器はまさにパワーであり、その廃絶は私にとって大問題だ。誰も、誰も、誰も、我々に手出しができないようにしてやるのだ」

「ひとたび彼奴（金正恩のこと）が運輸システム（核の運搬手段のこと）を持てば核を使用するだろう。その時が差し迫っているから、核施設を閉鎖させなければならない」。（記者の『北の原子炉に爆弾を落とすつもりなのか』の問いにたいして）「私は何かをするつもりだ」

「いいか、あのクソISISどもめ
人の首を切り落とし、檻《おり》に閉じ込め、溺死させる。

そんな輩は、水責めの刑にしてやる。

そう思わないか！」

「（ISISにたいして）私は爆撃で彼らを叩き潰す。ポンプを爆撃する。パイプを吹き飛ばす。1インチも残さず吹き飛ばす。後には何にも残らないようにしてやる」

「（イラク政府が反対するのではという問いにたいして）構うもんか。イラク政府なんかまるごと腐敗しているんだから」

「ロシアがISISを追放しようとしているから、ロシアにやってもらうのがいい。プーチンは非常に頭がよくて才能に恵まれた人物だ」

最後に、アメリカ人の大好きな「フェア精神」を発揮して、トランプの迷言ならぬ「名言」を紹介する。本当に、これらの暴言を吐いてきた人物の言葉なのか？　と思うほど味がある。その真贋《しんがん》の評価は読者の判断に委ねたいと思う。

名言集　意外に含蓄のある名発言

「金持ちだけど、恋人がいない奴らを何人も知ってる。理由は金があってもちっとも魅力がないからだ。女性は魅力的な男を求めてるんだ。吸引力の話だよ。それから、尊敬できる相手であることもだな」

「仕事と遊びのバランスをとろうなどと思うな。それより仕事をもっと楽しいものにしろ」

「あなたが今どんな職業に就いていようと、情熱的に取り組んでいれば奇跡は起きる。正しい人物とめぐり会い、その人の目にとまるのだ。私は何度もそういう実例を見てきた」

「不当な扱いを受けたらやり返せ。『やり返す』ことは『目には目を』ではない！　単なる『フェア』である。よし、ためらわずに反撃しよう。それは当然のマナーなのだ。すなわち『ウィンウィン』という奴だ」

「運命の転換にどのように対処するかが、勝者と敗者を分ける」

「いったん負けることによって、勝つための新たな戦術が見えてくることがある」

「いろんな人間がいるけどできるだけ相手と仲よくすること、またフェアであること」

「重要なのは自分の子供を信頼することさ。オレの子供たちはウォートン・スクール・オブ・ファイナンスで素晴らしい成績を修めた。オレも通った学校だ。ウォートンはビジネススクールでも最高だと言われている（ファミリービジネスについて）」

「世の中に信じる者はいないと思え。この私でさえも絶対信じるな。（自分の息子へ）」

「成功は、特別の人にしか解き明かせない神秘などでは決してない」

「ルパート・マードックやスティーブ・ロス、ロン・ペレルマン、マーティ・デービスといった連中のタフさには敬服している。この人たちは当然成功するつもりでいるし、成功を収め続けるための方法を知り尽くしている。ビジネスが思うようにいかなくても、落ち込んだりしない」

「どうせ考えるなら大きく考えろ。どうせ生きるなら大きく生きろ。もっと大きなディール（取引）をしなければならない」

「心配するのは時間の無駄だ。心配は問題を解決しようとする私の邪魔になる」

「経験と実績がない場合、エネルギーと情熱を売り込むべき」

「私に言わせれば、タフであるためには、たくましさと頭の良さと自信を兼ね備えている必要がある」

「あぁ、休みをとりたいなぁと思ったらその仕事はあなたに合っていない。理想的な仕事とは、仕事と休みの区別がつかないようなものである。睡眠時間が短ければライバルに勝つチャンスも増える。私のやり方は非常に単純でストレートだ。求めるものを手に入れるためには押し、押し、押し、押しの一手だ」

「私はタフな男だということになっている。それも当然だと思うようにしている。実力者たちにお前の時代は終わりだと言われ、結婚生活は破たん寸前、おまけにビジネスでのプレッシャーも増してくれれば、タフでなければやっていけない」

「私にとって、お金は決して大きな動機ではなかった。スコアを付ける方法としてを除けば。真に刺激的なのは、そのゲームに参加することだ。我々は『大きなことを考えない理由』をあらゆる方法で考えなければならない」

自虐ネタ

最後にトランプといえば、これははずせない。自らの風貌――とりわけ奇妙なヘアスタイルを逆手にとって、ウケをねらう話術はなかなかである。これでかなりのポイントを稼いでいることは間違いない。

起きたらシャワー、
髪を洗う。
そして新聞を読んで、
テレビのニュース番組を見る。
それから徐ろに髪を乾かす。
この間およそ1時間。
ブロー・ドライヤーは使わない。
髪が乾いたところで櫛を入れる。
これが俺流。
他の連中のやり方なんか関係ない。

そしてヘアスプレー……
これで俺の一日は万全だ。

俺の髪はすばらしい。
いけてるだろう。
地毛だぞ。
ほんとにそうかだと?
もちろんだとも。
間違いない。
疑うやつらがいるから、
ちゃんと証明してやった。
このあいだ、アラバマで。
その日は、めちゃくちゃ暑かった。
おまけに雨もふっていた。
で、俺は帽子を脱いだ。
そしたら、みんな言ったもんさ。

「ほんとうに髪があるぞ!」

馬鹿も休み休みにしろ。

今晩は、そんなことをする必要はない。

ほら、このとおり、いい髪だろう。

出典:ニューヨークタイムス・ABC「グッド・モーニング・アメリカ」
AFPBB News
CNN「ラリー・キング・ライブ」・ABC「ディス・ウィーク・ウィズ」
「ローリングストーン」
朝日新聞・毎日新聞・日本経済新聞・東京新聞・日刊ゲンダイ

【著者プロフィール】
横江公美（よこえ・くみ）
政策アナリスト、東洋大学グローバル・イノベーション学研究センター客員研究員、博士（政策）、コラムニスト（毎日新聞・経済観測寄稿）。アメリカ5大シンクタンクのヘリテージ財団で上級研究員をつとめ1年前に帰国。東洋大学、青山学院大学非常勤講師。松下政経塾（15期）ではアメリカ大統領候補の本部で1年間、現場研究を行った。その間、プリンストン大学とジョージワシントン大学の客員研究員。VOTEジャパン（株）社長を経て政策アナリスト。著書に『日本にオバマは生まれるか』（PHP）、『アメリカのシンクタンク』（ミネルヴァ）、『話は5行でまとめなさい』（ビジネス社）などがある。NHK「日曜討論」「視点論点」、NTV「大統領選挙開票特番」、TBS「朝ズバッ」など出演番組多数。

装画／つくし
装丁／常松靖史（TUNE）
本文組版／茂呂田剛（エムアンドケイ）
帯写真提供／©UPI/amanaimages

崩壊するアメリカ ～トランプ大統領で世界は発狂する!?

2016年4月21日　第1刷発行

著　者　横江　公美
発行者　唐津　隆
発行所　株式会社ビジネス社
〒162-0805　東京都新宿区矢来町114番地
神楽坂高橋ビル5F
電話　03-5227-1602　FAX　03-5227-1603
URL　http://www.business-sha.co.jp

〈印刷・製本〉半七写真印刷工業株式会社
〈編集担当〉前田和男　斎藤明（同文社）〈営業担当〉山口健志

ISBN978-4-8284-1875-9

ビジネス社の本

話は5行でまとめなさい

書く・話す・要約する すべてに使える必勝のストラクチャー

横江公美……著

定価　本体1300円＋税
ISBN978-4-8284-1531-4

書くことは、才能ではありません！

たった「5行」書く思考法を身に付けてしまえば、レポートも企画書も報告書も、どんなものも書けるようになってしまうのです。しかも必ず言いたいことが伝わります。5行にまとめる思考法を身につけ、書くことはもちろん、話し方、読んで要約する力にも直結する地頭を鍛える方法を伝授!!

本書の内容

ステップ1　基本の5行を書く
ステップ2　5段階エッセイはわかりやすい
ステップ3　脳内熟成を導く5段階エッセイ・トレーニング
ステップ4　書き出しは、「仮」で書く
ステップ5　「1人ディベート」で論理を構築する
ステップ6　ストーリーを入れる
ステップ7　文章の最終チェック法
ファイナル・ステップ　脳内環境を整える